AF452367

TRAGEDIES

DE

Mlle BARBIER.

Le prix est de 50 sols.

A PARIS,

Chez PIERRE RIBOU, Quay des
Auguſtins, à la deſcente du Pont-Neuf,
à l'Image Saint Louïs.

M. DCCVII.
Avec Approbation & Privilege du Roy.

TRAGEDIES CONTENUES
dans ce Volume.

ARIE ET PETUS.
CORNELIE, Mere des Gracques.
TOMYRIS.

TOMYRIS,

TRAGEDIE.

Par Mlle. BARBIER.

Le prix est de vingt sols.

A PARIS,

Chez PIERRE RIBOU, Quay des
Augustins, à la descente du Pont-Neuf,
à l'Image Saint-Louis.

M. DCCVII.
Avec Approbation & Privilege du Roy.

A

SON ALTESSE SERENISSIME

MADAME

LA DUCHESSE

DU MAINE.

*RINCESSE, digne Sang de ces nobles Ayeux*

Que la Gloire a placez au rang des Demi-dieux,

Reçoi l'humble tribut d'une Muse timide.

â ij

EPITRE.

Du sort de mes pareils c'est ton Goût qui décide.

D'un accueil favorable honore, T O M Y R I S :

Un seul de tes regards en fera, tout le prix.

Je n'ai pû lui choisir de retraite plus sûre,

Pour la mettre à couvert des traits de la censure.

Hé, n'est-ce pas chez Toi qu'on voit de toutes
    parts,

Comme en un Lieu d'azile, accourir les beaux
    Arts ?

Fugitifs, effrayez des horreurs de la Guerre,

Ils semblent se bannir du reste de la Terre ;

Et les neuf doctes Sœurs, par l'aveu d'Apollon,

Du beau Sejour de S C E A U X font leur sacré
    Valon.

C'est-là qu'avec plaisir on te voit sur la Scene,

Imiter tour à tour Thalie & Melpomene.

Quelles graces alors ! que d'attraits à la fois !

Prete aux plus foibles vers la douceur de ta voix.

Mais puis-je m'arrêter (& sans m'en faire un
    crime)

A ce qui n'est qu'un jeu de ton esprit sublime ;

EPITRE.

Lorsqu'un si vaste champ s'ouvre devant mes pas ?

Que ne puis-je y courir ! que n'y verrois-je pas !

Quels secrets à nos yeux dérobe la nature ,

Dont tu n'oses percer la nuit la plus obscure !

Quel abime profond s'offre à l'esprit humain .

Dont tu ne te sois pas applani le chemin ?

Mais quels sont les projets où ma Muse s'égare ?

Quoy ? je vais dans les airs me perdre avec Icare ?

J'oserois te chanter ! que j'en suis encor loin !

Non , ce n'est pas à moy qu'appartient un tel soin.

Heureuse , si je puis , pour le prix de mes veilles ,

Occuper un moment tes yeux & tes oreilles !

Mais plus heureuse encor (je n'ose m'en flater)

Si tu cheris mes Vers jusqu'à les reciter !

Quel seroit mon destin ! Une gloire si belle ,

D'une nouvelle ardeur animeroit mon zele.

Tous mes Vers à ton Nom consacrez déformais ,

Seroient trop assurez de ne vieillir jamais.

ACTEURS.

TOMYRIS, Reine des Maſſagetes.
CYRUS, Roy de Perſe.
ARYANTE, Roy des Iſſedons.
MANDANE, Princeſſe des Medes.
ARTABASE, Ambaſſadeur de Cyrus.
ARIPITHE, Capitaine des Gardes de
    Tomyris.
ORONTE, General des Iſſedons.
GELONIDE, Confidente de Tomyris.
CLEONE, Confidente de Mandane.
Gardes.

La Scene eſt en Scythie, dans la Tente
de Tomyris.

TOMYRIS,

TRAGEDIE.

ACTE I.

SCENE PREMIERE.

TOMYRIS, ARIPITHE, GELONIDE.

TOMYRIS.

Uy, malgré les transports que ma
douleur m'inspire,
Apprenons quelles loix Cyrus veut
nous prescrire.
C'est son Ambassadeur qui demande à
me voir.
Je veux bien l'écouter ; allez le recevoir,
Aripithe, & qu'il soit introduit dans ma Tente,

A

✶✶✶✶✶✶✶✶✶✶✶✶✶✶ : ✶✶✶✶✶✶✶✶✶✶✶✶✶✶

SCENE II.

TOMYRIS, GELONIDE.

GELONIDE.

DAigne le juste Ciel répondre à mon attente!
Puisse le fier Vainqueur nous accorder la paix!

TOMYRIS.

Ne me fais pas rougir par d'indignes souhaits.
Cyrus est mon Vainqueur. De ses sanglantes rives
L'Araxe a vû partir mes Troupes fugitives;
Et de mes Ennemis ce Camp environné,
Ne laisse aucun espoir au Scythe consterné.
Mais en vain je prévoi ma perte inévitable,
Le cœur de Tomyris est toujours indomptable.

GELONIDE.

Ah, Madame! ce cœur, fust-il encor plus fier,
Peut-il de vos Etats voir le ravage entier?
Mais au moins partagez nos mortelles allarmes;
Ecoutez nos soupirs, voyez avec nos larmes,
Tant de sang qui pour vous en ces lieux a coulé.

TOMYRIS.

Acheve, & parle-moy de mon fils immolé.
Ranime mon courroux par ces honneurs funebres
Que je viens de lui rendre au milieu des tenebres,
Montre-moi ce bucher dont la noire vapeur
Elevoit jusqu'au Ciel mes vœux & ma douleur.
Ce tombeau, cette cendre, & cette urne funeste
De Spargapise, helas! c'est tout ce qui me reste,
O mon fils!

GELONIDE.

Ah! Madame, il n'y faut plus songer.

TOMYRIS.

Dy plutôt que je dois perir, ou le vanger.
Cyrus nous fait trembler : mais qu'il tremble lui-
      même ;
Je tiens en mon pouvoir la Princeſſe qu'il aime ;
Et lors qu'il ſe promet de triompher de moi,
Je me trouve en état de lui faire la loi.

GELONIDE.

Ah ! plutôt de ces lieux qu'il parte avec Mandane,
Qu'il repaſſe l'Araxe, & revoye Ecbatane.
Prévenez notre perte, & calmez ſon courroux.
Nous avons trop gemi ſous le poids de ſes coups. ..
Le ſeul nom de Cyrus eſt l'effroy de la terre :
Qu'il porte loin d'icy le flambeau de la guerre.

TOMYRIS.

Quels que ſoient les malheurs que tu me fais pré-
      voir,
Je ne me repens pas d'avoir fait mon devoir.
Peut-être je me ſuis attiré cet orage :
Mais tu ſçais que Cyrus me donnoit de l'ombrage.
A l'hymen de Mandane il élevoit ſes vœux.
Cet hymen m'allarma. D'indiſſolubles nœuds
Uniſſoient contre moi Cyrus & Ciaxare.
Des Medes, tu le ſçais, l'Araxe nous ſepare.
Que n'auroient-ils point fait ſoutenus des Perſans,
Ces voiſins qui ſans eux n'étoient que trop puiſſans?
Toujours la liberté fut chere aux Maſſagetes.
Non, pour porter des fers nos mains ne ſont point
      faites,
Gelonide ; & je crus qu'il falloit prévenir
Un malheur que mes yeux liſoient dans l'avenir.
Tout me favoriſoit. Frappé de jalouſie,
Créſus contre Cyrus armoit toute l'Aſie.
Je prens ce temps heureux, j'aſſemble des vaiſ-
      ſeaux ;
Spargapiſe eſt chargé de traverſer les flots :
Il s'embarque, & ſuivi d'une nombreuſe eſcorte,

TOMYRIS,

Mouille devant Sinope, où l'Euxin le transporte.
Des douceurs du repos Cyaxare enyvré,
A ce revers du fort n'étoit point préparé.
Denué de Soldats, que peut-il entreprendre ?
Il songe à se sauver ne pouvant se défendre.
Il fuit, il abandonne, agité de frayeur,
La Princesse sa fille au pouvoir du Vainqueur.
Ainsi, de tant d'Etats l'orgueilleuse Heritiere
Au milieu de sa Cour, devint ma prisonniere ;
Et conduite en ces lieux par les soins de mon Fils,
Le destin de l'Asie en mes mains fut remis.
Les Armes à la main, Cyrus nous la demande ;
Mais il en fremira s'il faut que je la rende.

GELONIDE.

Vous pourriez ...

TOMYRIS.

        Il suffit ; & bientôt tu vas voir
Ce que peut Tomyris réduite au desespoir.
La seule ambition n'est pas ce qui m'anime :
Cyrus m'ose outrager ; mais je tiens ma victime.
Je t'en atteste icy, Flambeau de l'Univers,
La mort, la seule mort pourra briser ses fers.

SCENE III.

TOMYRIS, GELONIDE, ARIPITHE.

ARIPITHE.

Madame, de Cyrus l'Ambassadeur s'avance.

TOMYRIS.

Qu'il entre.

SCENE IV.

TOMYRIS, GELONIDE, ARTABASE, Suite.

ARTABASE.

LE Vainqueur pressé par sa clemence,
Aux droits de sa Victoire est prest à renoncer,
Madame, c'est à vous enfin à prononcer
Du sort de vos Sujets l'Arrest irrevocable.
Vous sçavez à quel point Cyrus est redoutable.
Cependant, quand son bras peut vous perdre à ja-
    mais,
Il en suspend les coups pour vous offrir la paix.
Rendez sans diferer Mandane à Cyaxare.
Le crime est pardonné, pourvû qu'on le répare.

TOMYRIS.

Que parlez-vous de crime ? Et de quel front, Sei-
    gneur,
Pouvez-vous me vanter les bontez d'un Vainqueur
Qu'on a vû jusqu'icy de sang insatiable,
Par d'éclatans forfaits se rendre memorable ?
Quoi ? ne peut-il souffrir Mandane entre nos mains?
Lui qui bravant les loix des Dieux & des humains,
Sur de pompeux débris vient d'élever son Trône ?
N'a-t-il pas mis aux fers Sardis & Babylone ?
Et semant en tous lieux l'épouvante & l'horreur,
Jusqu'aux murs de Memphis étendu sa fureur ?
Dans quel coin de l'Asie est-il encor des Princes,
Dont il n'ait par le fer ravagé les Provinces ?
Il traîne aprés son char vingt captifs couronnez.
Qui lui donne ce droit sur ces infortunez ?

Cependant il se plaint, il accuse il condamne ;
C'est un crime, dit-il, que retenir Mandane :
Tandis qu'il foule aux pieds tant de Rois abatus,
Et qu'il met ses fureurs au nombre des vertus.
Pour obtenir de moy la Princesse qu'il aime,
Aux trônes usurpez qu'il renonce lui-même ;
Que par un noble exemple il ose m'exciter,
Et je verray, Seigneur, si je dois l'imiter.

ARTABASE.

Je suis surpris, Madame, & je ne puis m'en taire.
Vous blâmez un Heros que l'Univers revere.
Cependant ses vertus, malgré vos soins jaloux,
Ont fait assez de bruit pour venir jusqu'à vous.
Mais il en faut icy rappeller la memoire,
Puisque l'on me réduit à défendre sa gloire.
Vous sçavez de Cyrus quels furent les Ayeux.
Il les voit remonter jusqu'au Maître des Dieux.
Il fit trembler les Rois, même avant que de naître.
L'Asie en fremissant le reconnut pour Maître,
Et pour nous annoncer sa future grandeur,
Le Dieu qui nous éclaire en perdit sa splendeur.
Je ne vous parle point des fureurs d'Astyage,
Qui pour trancher ses jours, choisit la main d'Ar-
       page.
Cyrus fut garenti de cette affreuse loi,
Et par le soin des Dieux il vécut, il fut Roi.
Ce Roi dont la naissance avoit troublé le monde,
Se bornoit à regner dans une paix profonde ;
Lorsque des Lydiens le Maître ambitieux,
Se chargea d'accomplir les volontez des Dieux.
Cresus fut le premier à nous faire la guerre ;
Son trône par Cyrus d'abord fut mis par terre ;
Le fils de Nitocris partageant sa fureur,
Bientôt dans Babylone eut part à son malheur.
De ces deux Rois unis tel fut le sort funeste.
Ils tomberent ; leur chûte entraîna tout le reste ;
Et Cyrus, signalant la douceur de ses loix,

Fit autant de Sujets, que l'Asie eut de Rois.
D'un sort commun à tous j'excepte Cyaxare.
Mais à quitter le sceptre enfin il se prepare.
De son pere Astyage il condamne l'erreur,
Et donne à ses Etats Cyrus pour Successeur.
Charmé de ses exploits il voit sans jalousie
Qu'il merite luy seul l'Empire de l'Asie.
Il cede, il reconnoît que les Dieux tout-puissants
Le veulent transporter des Medes aux Persans :
Et, content de regner encor dans sa famille,
Il destine à Cyrus & son trône, & sa fille.
Enfin avec les Dieux tout semble consentir.

TOMYRIS.

Et moi seule aujourd'hui je veux les démentir.
Cyrus aspire en vain au trône d'Ecbatane,
S'il ne doit y monter qu'en épousant Mandane.
Si je laissois unir deux Empires si grands,
Bientôt dans mes Voisins je verrois mes Tyrans.
Je suis libre ; & plûtôt que me voir asservie,
Je perdray, s'il le faut, & le Trône, & la vie.

ARTABASE.

Cyrus, de ses exploits prest à borner le cours,
Vous laisse votre sceptre, & respecte vos jours.
Il vous offre la paix ; acceptez-la, Madame
N'attirez plus sur vous & le fer & la flâme.
Pour avoir de mon Roy négligé les avis,
Il vous en a coûté le sang de votre fils.

TOMYRIS.

Et contre ce cruel c'est-là ce qui m'anime.

ARTABASE.

Des rigueurs du destin lui faites-vous un crime ?
Votre fils n'est pas mort de la main de Cyrus.
Le voyant expiré, que pouvoit-il de plus ?
Pour permettre à vos pleurs d'en arroser la cendre,
Dans un pompeux cercueil il vient de vous le ren-
    dre.

A iiij

TOMYRIS.

Vains honneurs ! faux respects ! Ah ! je dois l'en pu-
    nir ,
Ma fureur plus long-temps ne peut se contenir ;
Et Cyrus a pris soin de la rendre implacable.
En vain au monde entier son nom est redoutable,
En vain sous sa puissance il pense m'accabler ;
S'il ne quitte ces lieux , c'est à luy de trembler.
Fier des sanglants effets de sa valeur cruelle,
Il me brave , il insulte à ma douleur mortelle.
Le barbare ! il me rend mon fils dans un cercueil.
Qu'il s'éloigne ; ou bien-tost , pour punir son or-
    gueil ,
Dans le même cercueil je lui rendrai Mandane.
S'il balance , elle est morte , & lui seul la con-
    damne.

ARTABASE.

Dieux ! qu'entends-je ? Ah ! craignez le courroux
    de Cyrus.

TOMYRIS.

Portez-luy ma réponse , & ne repliquez plus.

SCENE V.

TOMYRIS, GELONIDE.

GELONIDE.

Qu'avez-vous fait , Madame ? O Ciel ! quelles
    tempêtes
Cette horrible menace assemble sur nos têtes !

TOMIRIS.

Hé , crois-tu que Cyrus , par un funeste effort ,
De Mandane aujourd'huy veuille avancer la mort ?

Non ; pour sauver ses jours il mettra bas les armes,
Et bien-tôt son départ va calmer tes allarmes.
GELONIDE.
Laisser Mandane aux fers, ou luy ravir le jour,
Quel Arrêt pour Cyrus ! quel sort pour son amour !
TOMYRIS.
Tu le plains ! justes Dieux ! je suis bien plus à plain-
dre.
GELONIDE.
Il ne tiendroit qu'à vous de n'avoir rien à craindre.
TOMYRIS.
Helas !
GELONIDE.
Jusqu'aujourd'hui la fiere ambition
Fut de votre grand cœur l'unique passion ;
Et la perte d'un fils n'est pas irreparable.
Aryante vous reste.
TOMYRIS.
Et c'est ce qui m'accable.
Le jeune Spargapise à mes ordres soumis,
Ne me montra jamais qu'un sujet dans un fils.
Aryante plus fier, n'est pour moi qu'un rebelle ;
Son frere mort lui donne une fierté nouvelle.
En vain des Issedons je l'ai déclaré Roi,
Il n'est pas satisfait, s'il ne regne sur moi.
GELONIDE.
C'est pour vous secourir qu'il est venu, Madame.
TOMYRIS.
Je perce mieux que toi les secrets de son ame.
Il a beau se cacher ; j'entrevoi tous les jours
A quel prix il me prête un importun secours.
Il adore Mandane, il s'oppose à ma haine.
GELONIDE.
Je le voi : vous craignez qu'il ne la fasse Reine,
Et qu'un jour Cyaxare appuyant son dessein,
Ne vous fasse tomber le sceptre de la main.

TOMYRIS.

Non, d'un si vain projet je ne m'allarme guere.
Plût aux Dieux qu'à mon fils désormais moins
        contraire ,
Mandane consentît à le voir son Epoux !
J'aurois bien plus d'espoir , & bien moins de cour-
        roux.
Cyrus seroit trahi ; je serois trop vangée.
Mais enfin trop avant je me suis engagée ;
Il est temps que mon cœur se montre tout entier.
Gelonide , ce cœur qui te paroît si fier ,
Quand il poursuit Cyrus, crois-tu qu'il le haïsse ?

GELONIDE.

Quoy, Madame . . . ?

TOMYRIS.
        L'amour fait mon plus grand supplice.

GELONIDE.

Dieux ! que m'apprenez-vous? Quoi ! Cyrus auroit
        pû
Vous inspirer . . .

TOMYRIS.
        Helas ! tu sçais que je l'ay vû.
Pour l'aimer , Gelonide , en faut-il davantage ?
D'un seul de ses regards ma flâme fut l'ouvrage.
Tu te souviens du jour où ce fier Conquerant
Sur ces bords malheureux parut comme un torrent.
Il me fit demander un moment d'entrevuë.
J'y consentis ; mon ame en est encore émuë.
Mon cœur à ce Heros en esclave soumis ,
N'osa plus le compter entre ses ennemis.
Il demanda Mandane : & tu peux bien comprendre
Si je fus jamais moins en état de la rendre.
Tu sçais quel fut le fruit d'un si long entretien.
Cyrus demandoit trop , & je n'accordai rien.
La nuit nous separa : mais l'amour qui m'enflame
Avoit gravé ses traits dans le fond de mon ame.
J'en perdis le repos ; que te dirai-je enfin ?

On offrit à Cyrus ma Couronne & ma main.
De maximes d'Etat je couvris ma foiblesse,
Et mon ambition parla pour ma tendresse.
Quel en fut le succés ? Cyrus, l'ingrat Cyrus,
Pour prix de mes bontez m'accabla d'un refus.

GELONIDE.

Ah ! rappellez icy la fierté de votre ame.
Il faut punir Cyrus, mais par l'oubli, Madame.

TOMYRIS.

Hé puis-je l'oublier ? Crois-tu que mon amour,
Comme il s'est allumé, s'éteigne dans un jour ?
Que tu le connois mal ! Mais connois-je moi-mê-
     me,
Dans ce que j'entreprens, si je hais ou si j'aime ?
Sçai-je bien si je dois aux transports de mon cœur
Donner le nom d'amour, ou le nom de fureur ?
Helas ! en éloignant Cyrus de ma Rivale,
J'exerce une vangeance à mon amour fatale.
Mon cœur en gemira. Je le sçai, je le voi.
Mais ma Rivale au moins gemira comme moi.
Ma peine partagée en sera moins affreuse.
Je feray mon bonheur de la voir malheureuse.
Du depart de Cyrus voilà ce que j'attens.
Mais qu'il parte aujourd'hui : demain il n'est plus
     tems.
Ma fureur souffre trop à se voir suspenduë.
Qu'il se hâte l'ingrat, ou Mandane est perduë.

GELONIDE.

Ah ! Madame, craignez que le Roi votre fils...
Vous sçavez qu'à vos loix son cœur est peu soumis.
Que ne fera-t-il point pour sauver ce qu'il aime ?

TOMYRIS.

S'il ose l'entreprendre, il est perdu lui-même.
Mais il vient, & je dois me contraindre à ses yeux.

SCENE VI.

TOMYRIS, ARYANTE, ORONTE, GELONIDE.

ARYANTE.

QUelles sont les horreurs qu'on m'aprête en
        ces lieux,
Madame ? Si j'en croi ce qu'on vient de me dire,
A me donner la mort votre vangeance aspire.
Car j'adore Mandane , & c'est vous dire assez
Qu'il faut d'un même fer que nos cœurs soient per-
        cez.

TOMYRIS.

Hé , qui vous fait aimer ma mortelle ennemie ?
Dois-je étouffer ma haine au gré de votre envie ?
Et ne pourrai-je enfin vanger la mort d'un fils,
Qu'autant que par son frere il me sera permis ?
Pour vous avoir fait Roi , ne serai-je plus Reine ?
Prince, defaites-vous d'une fierté si vaine,
Songez que de ma main votre sceptre est un don :
Je veux regner icy ; regnez dans Issedon.

ARYANTE.

Ainsi donc , je ne dois qu'aux bontez d'une mere
Un sceptre qui me fut destiné par un pere ,
Madame ? Ce depôt que vous m'avez rendu,
Estoit donc vostre bien , & ne m'étoit pas dû ?
Un fils plus fier que moi, vous répondroit peut-être,
Que même dans ces lieux il peut parler en Maître,
Et qu'autrefois son pere ayant nommé deux Rois,
D'un frere qui n'est plus lui transmit tous les droits.
Non, regnez, j'y consens ; & chez les Massagetes
Jusqu'au dernier soupir soyez ce que vous êtes.
                                        Mais

Mais ne me forcez pas par une injuste loi,
A cesser d'être fils , pour n'être plus que Roi ;
Et ne menacez plus les jours de ma Princesse ,
Lorsqu'à la proteger tant d'amour m'interesse.

TOMYRIS.

Je devrois n'écouter que mon ressentiment:
Mais je pardonne au fils les fautes de l'Amant.
Sçachez que vous n'avez que graces à me rendre ;
Que j'ai plus fait pour vous que vous n'osiez pré-
    tendre :
Et que si le succés répond à mes desseins,
Mandane pour toujours demeure entre vos mains,
Adieu ; mais desormais par plus d'obeïssance
Montrez ce que sur vous peut la reconnoissance.

SCENE VII.

ARYANTE, ORONTE,

ARYANTE.

ORonte , qu'en crois-tu ? Tu l'entens, tu le vois,
Son orgueil se dément pour la premiere fois.
Dois-je être en seureté pour moi , pour ce que j'ai-
    me?

ORONTE.

Je l'avoûray, Seigneur , ma surprise est extrême;
Et je connoîtrois mal le cœur de Tomyris,
Si d'un tel changement je n'étois pas surpris.

ARYANTE.

Je le connois trop bien pour m'y laisser surprendre,
Je sçai de ses bontez ce que je dois attendre.
Non , ma superbe Mere a beau dissimuler :

B

Plus elle me rassure, & plus je dois trembler.
N'ay-je pas vû cent fois son cœur de sang avide,
Ne prendre en ses projets que sa fureur pour guide;
Et sacrifiant tout à ses moindres soupçons,
Tracer à ses enfans de sanglantes leçons ?
Je fremis des horreurs que mon esprit rassemble.
Mais si je dois trembler, qu'à son tour elle tremble,
Du sang de Tomyris j'ai déja la fierté.
Si je vais quelque jour jusqu'à sa cruauté,
Jusqu'à suivre ses pas si jamais je m'égare,
Je serai digne fils d'une mere barbare.

ORONTE.

Ne precipitez rien, Seigneur, & gardez-vous
D'attirer sur vous-même un funeste courroux.

ARYANTE.

Ah ! qu'il tombe sur moi ce courroux si terrible,
Sans frapper de mon cœur l'endroit le plus sensible !
Je sçai que je devrois, aimant sans être aimé,
A défendre Mandane être moins animé.
Je te dirai bien plus ; je voi que si j'éclate,
Pour mon heureux Rival je sauverai l'ingrate.
Mais enfin je l'adore, & quel que soit mon sort,
Je ne puis consentir qu'on lui donne la mort :
Et si le coup partoit de la main de ma mere,
Plus loin que je ne veux j'étendrois ma colere;
Mon cœur au desespoir n'examineroit rien.
Mon pouvoir en ces lieux ne cede pas au sien.
Ses sujets qu'un beau zele en ma faveur enflâme,
Ne vivent qu'à regret sous les loix d'une femme.
Ils font sonder mon cœur par de secretes voix.
Si je les en avouë, ils soûtiendront mes droits.
D'ailleurs, mes Issedons pleins d'une noble envie,
Pour me rendre mon rang perdront cent fois la vie;
Et Tomyris enfin, malgré tout son orgueil,
En soulevant les flots peut trouver un écueil.
Elle n'a pas besoin que ma fureur s'irrite,
Et je ne sens que trop .... Mais que veut Aripithe ?

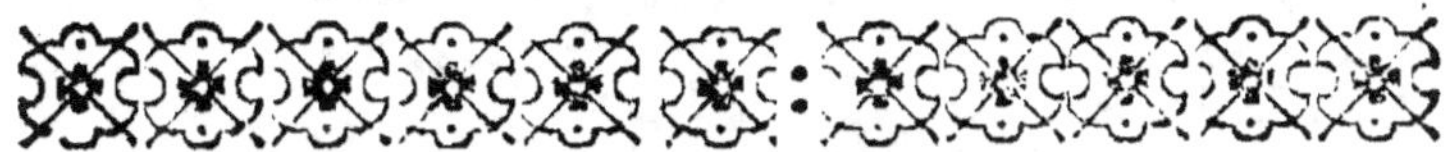

SCENE VIII.

ARYANTE, ORONTE, ARIPITHE,

ARIPITHE.

AH! Seigneur, accourez. Nos Scythes éperdus
N'osent plus soûtenir les efforts de Cyrus.

ARYANTE.

Dieux! Qu'est-ce que j'entens?

ARIPITHE.

Cyrus est dans nos tentes.

ARYANTE.

Dans nos tentes, ô Ciel!

ARIPITHE.

Ses armes éclatantes,
Au milieu des Persans le montrent à nos yeux;
Mais ses terribles coups nous l'annoncent bien
   mieux.

ARYANTE.

Vien, Oronte, sui-moy, hâtons-nous, le tems presse,
Allons à mon Rival disputer ma Princesse.

Fin du Premier Acte.

ACTE II.
SCENE PREMIERE.

ARYANTE, ORONTE.

ARYANTE.

NON, ne condamne pas un si juste
    courroux...
Mais en vain Tomyris a suspendu mes
    coups ;
Je sçauray de mon frere achever la
    vangeance,
Puisque son meurtrier est en nostre puissance.

ORONTE.
Contentez-vous, Seigneur, d'avoir mis dans les fers
Un Roi qui menaçoit d'y mettre l'Univers,
Et joüissez en paix du fruit d'une Victoire
Qui doit vous élever au comble de la gloire.

ARYANTE.
J'ay vaincu mon Rival ; mais s'il ne perd le jour,
J'ay tout fait pour ma gloire, & rien pour mon
    amour.
Tu connois sa valeur : plus elle est éclatante,
Plus à ma seureté sa mort est importante.
Ouy, je dois l'immoler, puisqu'enfin je le puis ;
Et je le crains encor, tout vainqueur que je suis.
Tu l'as vû comme moy. Quel courage intrepide !
Combien de jours tranchez par son fer homicide !

Tout tomboit fous les coups qui partoient de fa
    main,
Ils eſtoient au deſſus de tout l'effort humain.
Je ne puis fans frayeur m'en retracer l'image.
A travers mille horreurs fe frayant un paſſage,
Terrible, & tout couvert de pouſſiere & de ſang,
Ce Guerrier furieux voloit de rang en rang.
Par-tout devant ſes pas marchoit la mort horrible:
Les ſiens eſtoient vaincus, luy toûjours invincible;
Et ſi mes Iſſedons ne l'avoient arrêté,
C'en étoit fait, Mandane étoit en liberté.
Dieux! par combien d'exploits leur foy s'eſt ſigna-
    lée!
La valeur de Cyrus par le nombre accablée,
N'a pû le garentir du plus affreux revers.
Mais c'eſtoit peu pour moy de luy donner des fers.
J'en voulois à ſa vie, Oronte; & fans ma Mere,
J'appaiſois par ſa mort les mânes de mon frere.
Tomyris l'a ſauvé de mon premier tranſport,
Elle m'a deffendu de luy donner la mort.
Quel eſt donc l'intereſt qu'elle prend à ſa vie?
Croit-elle ſa fureur foiblement aſſouvie,
Si l'ennemy cruel que ſa haine pourſuit,
Deſcend par un ſeul coup dans l'éternelle nuit?
Veut-elle, pour répondre à l'horreur qui l'anime,
Au milieu des tourmens immolant la victime,
Arroſer de fon fang le tombeau de fon fils?

ORONTE.

Non, elle eſt moins cruelle; & s'il m'étoit permis,
Seigneur, de penetrer dans le cœur d'une Reine,
Peut-être j'y verrois plus d'amour que de haine.

ARYANTE.

Que dis-tu? Quoy, ma Mere aimeroit mon Rival?

ORONTE.

Ouy, Seigneur.

ARYANTE.
Cet amour luy deviendra fatal.

B iij

Mais dois-je ajouter foy ....
ORONTE.

Vous avez vû vous-même,
Et son empressement, & sa frayeur extrême ;
Quand le fer à la main prêt d'immoler Cyrus,
Vous n'aviez qu'à frapper pour ne le craindre plus.
Arrête, a-t-elle dit : garde-toi de poursuivre ;
Ou toy-même avec lui tu vas cesser de vivre.
Seigneur, à son amour ce mot est échappé.
ARYANTE.

Hé, moy j'ay pû l'entendre, & je n'ai pas frappé!
Ah ! j'ouvre enfin les yeux. Par un rapport sincere
On m'avoit informé des projets de ma Mere.
Elle offroit, disoit-on, & son sceptre & le mien,
Pour s'unir à Cyrus d'un éternel lien.
Je rejettois ce bruit. Hé ! le moyen de croire
Qu'une Reine à ce point pût oublier sa gloire ?
Il faut donc que Cyrus par-tout soit mon Rival!
Ah ! Ciel .... Des deux côtez l'attentat est égal.
Qu'il cherche à m'enlever mon sceptre, ou ma Prin-
     cesse,
Ma main l'en punira : tout le veut, tout m'en presse.
Ouy, de tous ses desseins j'arrêteray le cours,
Dût ma Mere en fureur s'armer contre mes jours.
ORONTE.

Contre des jours plus chers craignez qu'elle ne s'ar-
     me.
Tremblez pour la Princesse.
ARYANTE.

Ah ! c'est ce qui m'alarme.
Si j'étois sans amour, je serois sans frayeur ;
Et de mon ennemi prêt à percer le cœur,
Jusques dans sa prison j'irois, malgré la Reine,
Eteindre dans son sang mon implacable haine.
ORONTE.

Cachez donc avec soin ce dangereux courroux,
Montrez à Tomyris à suspendre ses coups,

Sa main prête à frapper consultera la vôtre,
Et pour l'objet aimé vous craindrez l'un & l'autre.

ARYANTE.

Dieux ! il me faudra donc trembler à tous momens ?
Mais je vois Tomyris : cachons nos sentimens.

SCENE II.

TOMYRIS, ARYANTE, ORONTE.

TOMYRIS.

DU destin de Cyrus qui vous a fait l'arbitre ?
De grace, expliquez vous. Dites-moi par
quel titre,
Au mepris de mon rang, de mon autorité,
Sur sa vie, à mes yeux, vous avez attenté ?

ARYANTE.

Hé, sur quoi fondez-vous cette injuste colere ?
Cyrus nous a privez, vous d'un fils, moi d'un fre-
re ;
Et lors qu'entre mes mains le Ciel remet son sort,
Il ne m'est pas permis de lui donner la mort ?
Spargapise erre encor sur le rivage sombre.
Cyrus sacrifié doit appaiser son ombre.
Puisqu'un même interêt nous en fait une loi,
Qu'importe qui l'immole, ou de vous, ou de moi ?

TOMYRIS.

Vous parlez d'immoler !... O Ciel ! qu'osez-vous
dire ?
Songez-vous de Cyrus combien vaste est l'empire ?
Combien de Rois unis fondroient sur nos Etats ?
Combien de bras enfin vangeroient son trepas ?
Que dis-je de Cyrus la redoutable Armée

B iiij

Par sa seule prison est assez animée ;
Et si quelques Persans ont peri par nos coups ,
Il n'en reste que trop pour nous immoler tous.
Prêts de voir éclater de nouvelles tempêtes
Gardons entre nos mains de quoy sauver nos têtes.

ARYANTE.

C'est à moy d'approuver vos ordres souverains.
Cependant , si j'osois dire ce que je crains...

TOMYRIS.

Parlez , je le permets ; expliquez votre crainte.

ARYANTE.

Ouy, puisqu'il m'est permis de parler sans contrain-
    te,
Je crains que ce captif un jour par votre choix
Ne soit assez puissant pour m'imposer des loix.
Vous avez sur un fils des droits que je respecte :
Mais de mon ennemi la grandeur m'est suspecte ;
Et si de vos secrets je suis bien informé ,
Je ne puis sur ce point être assez allarmé.

TOMYRIS.

Vous êtes bien servi. Mais ceux qui me trahissent,
Pour lire ces secrets dont ils vous éclaircissent,
Jusqu'au fond de mon cœur ont-ils porté les yeux ?
Cyrus,vous le sçavez , est un ambitieux.
S'il'hymen l'unissoit un jour avec Mandane ,
Rien ne balanceroit la puissance Persane :
Et , s'il faut qu'à mon tour je ne vous cache rien ,
Pour rompre cet hymen j'ai proposé le mien.
Mais avez-vous pensé qu'une honteuse chaîne
Dût m'unir pour jamais à l'objet de ma haine ?
J'ai voulu désunir Cyaxare & Cyrus ,
Traverser leurs projets , les rompre , & rien de plus.

ARYANTE.

Madame, pardonnez , si mon ame seduite...

TOMYRIS.

Je devrois vous punir d'éclairer ma conduite.
Mais en vain à mes loix vous êtes peu soumis ;

Je ne puis m'oublier que vous êtes mon fils.
Oui, malgré vos froideurs, je sens que je vous
    aime,
Et je veux vous forcer à le sentir vous-même.
Je ne voi qu'à regret que l'interêt du rang
Etouffe en votre cœur les tendresses du sang.
Mes desseins, quels qu'ils soient, vous donnent de
    l'ombrage.
Hé bien, il faut vous mettre au dessus de l'orage.
Tant que vous me craindrez, vous ne m'aimerez
    pas,
Et les bienfaits suspects ne font que des ingrats.
Pour bannir les soupçons dont votre ame est rem-
    plie,
Je veux qu'avec Mandane un nœud sacré vous lie.

ARYANTE.

Avec Mandane ! ô Ciel ! de quoi me flatez-vous ?

TOMYRIS.

Oui, je vous le promets, vous serez son époux,
Voyez quelle sera pour lors votre puissance !
Combien d'Etats soumis à votre obeïssance !

ARYANTE.

Croyez-vous que Mandane approuve...

TOMYRIS.

                  Vaine erreur !
Aspirez à son Trône, & non pas à son cœur.
De Cyrus à ce prix je veux mettre la tête.
Elle l'aime, il suffit ; & si la main n'est prête,
Bien loin de condamner votre ressentiment,
Je me joins avec vous pour perdre son Amant.
Allez. (*aux Gardes*) Auprés de moi, Gardes, que
    Cyrus vienne.
Sur-tout que sans témoins ici je l'entretienne.

SCENE III.

TOMYRIS *seule.*

JE vais donc le revoir ce funeste Vainqueur.
Quels troubles, justes Dieux ! s'élevent dans mon
    cœur ?
Est-ce haine ? est-ce amour ? ou tous les deux en-
    semble ?
Je desire, je crains, je soupire, je tremble.
C'est ce même Cyrus qui vient de m'offencer.
Je veux l'entretenir ; mais par où commencer ?
Montrerai-je à ses yeux la honte de ma flame ?
Soutiendrai-je si mal la fierté de mon ame ?
Non, c'est trop t'abaisser, superbe Tomyris ;
Songe que pour ton cœur c'est assez d'un mépris.
Par ses premiers refus tu n'es que trop punie.
D'un outrage nouveau prévien l'ignominie.
L'inflexible Cyrus ajouteroit enfin
Le refus de ton cœur au refus de ta main.
C'est à toi, mon courroux, c'est à toi de paroître ;
Eclate, & de mon cœur rends-toi l'unique maître.
Que Cyrus immolé … Que dis-je? Quel transport !
Quoi ? moi-même à Cyrus je donnerois la mort ?
Ah ! ne vaut-il pas mieux que Mandane perisse ?
Est-il pour mon ingrat de plus cruel supplice ?
Mais on vient ; c'est lui-même. Endurci-toi, mon
    cœur.
Tu ne peux le punir avec trop de rigueur.

SCENE IV.

TOMYRIS, CYRUS.

CYRUS.

Pourquoi m'appelle-t-on ? Fiere de ma défaite,
N'en goûtez-vous encor qu'une joie imparfaite ?
Pour rendre votre gloire égale à mes revers,
Dois-je offrir à vos yeux la honte de mes fers ?
Ou plutôt pensez-vous qu'un lâche effroi me glace,
Et me jette à vos pieds pour vous demander grace ?
D'un triomphe si vain cessez de vous flatter.
Dans l'abîme où le sort m'a sçû précipiter,
Je garde assez d'orgueil pour braver son caprice.
Il vient de me trahir : telle est son injustice.
Mais dussé-je m'attendre au plus affreux trépas,
Je répons que mon cœur ne me trahira pas.
Mes jours sont en vos mains, disposez-en, Madame,

TOMYRIS.

Seigneur, n'irritez pas les transports de mon ame.
Par un nouvel orgueil cessez de m'outrager ;
C'est déja trop pour moi que d'un fils à vanger.
C'est à vous de calmer la fureur qui m'anime.
Vous sçavez que son sang demande une victime.
Je ne vous parle plus de l'offre de ma foi ;
La main de mon Captif n'est pas digne de moi.
Non, Prince ; & vous voyez par quel revers étrange
De vos premiers refus la fortune me vange.
Mais comme elle pourroit à mon tour m'abaisser,
A l'hymen de Mandane il vous faut renoncer,

CYRUS.

A l'hymen de Mandane !

TOMYRIS.

Hé , pouvez-vous prétendre
Qu'aprés avoir vaincu , je veuille vous la rendre ,
Moi qui l'ai fierement refusée à vos vœux ,
Quand le sort du combat étoit encor douteux ?
Je vous l'ai déja dit , nous fuyons l'esclavage.
Des Voisins trop puissans nous donnent de l'om-
　　brage.
Nous regardons l'hymen dont on vous a flatté ,
Comme l'écueil fatal de notre liberté.
Non , ne l'esperez point. Ce n'est pas tout encore ;
Mandane est dans mes fers ; Aryante l'adore ;
C'est en les unissant que je veux desormais
Assurer à mon Peuple une constante paix.
Oui , que mon fils l'épouse ; & la guerre est finie.

CYRUS.

Qu'il l'épouse ! Ah ! plutôt qu'il m'arrache la vie !

TOMYRIS.

Sans moi déja sa main vous eût ravi le jour :
Il avoit à vanger son frere & son amour ;
Et sa bouche en ces lieux vient de me faire un crime
D'avoir à sa fureur dérobé sa victime.
Il s'abuse , & je veux qu'il avoue aujourd'hui
Que lors qu'il faut punir je frappe mieux que lui.
Je laisse à d'autres cœurs la vangeance ordinaire.
Non , votre sang versé n'eût pû me satisfaire.
Un cœur comme le mien , sçait par un digne effort ,
Inventer des tourmens plus cruels que la mort.
L'ambition vous guide , & l'amour vous enflame ;
Ah ! par ces deux endroits je veux fraper votre ame ,
Et vous livrer en proie au tourment sans égal
De voir Sceptre & Maîtresse au pouvoir d'un Rival.

CYRUS.

Ce Rival n'aime point , ou je ne dois pas craindre
Qu'en adorant Mandane il ose la contraindre.

　　　　　　　　　　　　　　　　　Mais

Mais , Madame , je veux qu'oubliant son devoir ,
Il exerce sur elle un injuste pouvoir ;
Quels que soient ses projets , croit-il que Cyaxare
Souffre que de son Trône un Etranger s'empare ?
Si son cœur pour mes feux se déclare aujourd'hui ,
Je ne le dois qu'au sang qui m'unit avec lui :
Ou plutôt , si j'aspire au Trône d'Ecbatane ,
Je fonde tous mes droits sur le cœur de Mandane.
Il est inébranlable , & j'ose me flatter
Qu'aucun Rival sur moi ne pourra l'emporter.

TOMYRIS.

L'approche de la mort est assez effroyable ,
Pour faire chanceler ce cœur inébranlable.

CYRUS.

Grands Dieux !

TOMYRIS.

          A m'obeïr il faut la préparer ,
Seigneur , ou vous resoudre à la voir expirer.
A lui percer le sein trop de fureur m'anime ;
Elle mourroit , vous dis-je.

CYRUS.

            Hé , quel est donc son crime

TOMYRIS.

Quoi ? pour ses interêts je viens de perdre un fils ;
Et vous me demandez quel crime elle a commis ?
Ne me contraignez pas d'en dire davantage ,
Et, s'il m'échape un mot, craignez tout de ma rage.

CYRUS.

Inhumaine, éclatez ; je l'attends sans effroi :
Mais épargnez Mandane , & ne perdez que moi.

TOMYRIS.

Non ; & de l'immoler ma main impatiente …
Pour la derniere fois , qu'elle épouse Aryante.
Je vais vous l'envoyer. N'oubliez pas , Seigneur ,
Que je vous ay chargé d'y préparer son cœur,

CYRUS.

Juste Ciel !

C

TOMYRIS.

Je conçoi quel est votre supplice.
Mais je vous fais peut-être un plus grand sacrifice,
Au point que je la hais, ce n'est pas sans effort,
Que je puis me priver du plaisir de sa mort.
Enfin vous l'allez voir, lui parler, & l'entendre ;
Et j'en ai dit assez pour vous faire comprendre
Que du sort de ses jours vous allez décider ;
Qu'il importe sur-tout de la persuader.
N'oubliez aucun soin, s'il le faut, auprés d'elle.
Prenez les noms honteux d'ingrat & d'infidelle.
Adieu ; pour la sauver menagez les instans,
Et le fer à la main songez que je l'attens.

SCENE V.

CYRUS *seul.*

FRappé, saisi d'horreur à cet Arrêt terrible,
A tout autre revers je demeure insensible ;
Et j'ai presque oublié qu'aprés tous mes exploits,
Je viens d'être vaincu pour la premiere fois.
Grands Dieux ! qu'auprés de vous les Puissances
　　mortelles
Doivent se préparer à de chutes cruelles !
J'ai fait voler mon nom aux plus lointains climats ;
J'ai fait trembler les Rois, j'ai détruit leurs Etats ;
Rien n'a pû s'opposer aux desirs de mon ame ;
Et je me trouve enfin vaincu par une femme.
Mais ce n'est rien encor, Cette femme en fureur,
Aprés m'avoir vaincu, m'inspire la terreur.
Ma fermeté s'étonne, & ma raison s'égare.
Que venois-je chercher dans ce climat barbare ?
O toi qu'on veut priver de la clarté du jour,

Et qui n'as d'autre crime ici que mon amour !
Ne viens-je de si loin faire éclater mon zele,
Que pour te dire enfin : Je suis un infidelle ?
Cependant il le faut, j'en ay reçu l'arrest.
Pour te donner la mort le fer est déja prest.
Mais on vient. Justes Dieux ! c'est Mandane elle-
    même.
Peut-on plus tristement revoir ce que l'on aime ?

SCENE VI.

CYRUS, MANDANE, CLEONE.

MANDANE.

IL est donc vrai, Seigneur, vous êtes en ces lieux ?
CYRUS.
Oui, c'est Cyrus captif, qui se montre à vos yeux,
Madame ; & le destin jadis si favorable,
Du plus heureux des Rois fait le plus miserable.
MANDANE.
Aprés cette rigueur qu'il exerce sur vous,
Je ne puis murmurer de ressentir ses coups.
Cyrus chargé de fers, doit soulager mes chaînes ;
Cyrus infortuné doit adoucir mes peines.
CYRUS.
Madame, du destin contre nous irrité
Vous ne connoissez pas toute la cruauté.
MANDANE.
Non ; ses plus rudes coups ont beau fraper mon ame,
Vous pouvez seul . . . .
CYRUS.
    Helas ! hé, que puis-je, Madame ?
MANDANE.
M'aimer ; & c'est assez pour combler mes desirs.

Renouvellons l'ardeur de nos premiers soupirs.
Rappellons cette foi si saintement jurée :
Cet amour dont le temps respecte la durée ;
Cet hymen qui devoit à jamais nous unir.
Quels maux n'adoucit point un si cher souvenir ?
Mais quoi ? vous vous troublez. Vous gardez le si-
　　lence.
Vous détournez les yeux.

CYRUS *à part.*

　　　　Dieux ! quelle violence !

MANDANE.

Ah ! que vous m'allarmez ! expliquez vous, Seigneur ;
Votre cœur n'a-t-il plus pour moi la même ardeur ?

CYRUS.

Ah ! Madame . . . .

MANDANE.

　　Parlez. Mon ame impatiente
Ne peut plus soutenir . . . .

CYRUS.

　　　　Epousez Aryante.

MANDANE.

Que j'épouse Aryante ! Ah , cruel ! est-ce vous
Qui devez m'inspirer le choix d'un autre Epoux ?

CYRUS.

Je sçai qu'à mon Hymen vous êtes destinée :
Mais que sert cette foi que vous m'avez donnée ,
Si mon cœur . . . .

MANDANE.

Achevez.

CYRUS.

　　　　Reprenez vostre foi.
Je ne merite pas que vous brûliez pour moy.
Otez-moi votre amour , donnez-moi votre haine.
Je suis . . . . MANDANE.

　　Poursuivez.

CYRUS.

Ciel ! . . Gardes , qu'on me remene.

SCENE VII.

MANDANE, CLEONE.

MANDANE.

QUe deviens-je, Cleone ? & quel fort eft le mien?
Que m'a-t-on annoncé ? Quel funefte entre-
tien ?
Cyrus, dont j'attendois ici ma délivrance,
Cyrus, dans mes malheurs ma derniere efperance,
Cyrus, que j'implorois dans mon funefte fort,
Ce Cyrus vient enfin pour me donner la mort.
Eu faveur d'un Rival! tu vois ce qu'il m'infpire.
Helas! en me quittant qu'a-t-il voulu me dire ?
Il eft ... Ah ! le cruel n'a parlé qu'à demi.
Du coup qu'il me portoit fans doute il a frémi.
Mais de cet entretien tout ce que je rappelle,
Ne m'annonce que trop qu'il eft un infidelle.

CLEONE

Madame, pardonnez. Sur un fimple foupçon
Vous accufez trop toft Cyrus de trahifon.
Non; d'un crime fi noir fon cœur n'eft point capa-
ble.

MANDANE.

Hé, tu veux l'excufer : il n'eft que trop coupable
N'as-tu pas vû toy-même avec quelle froideur
Il a reçu l'aveu de ma conftante ardeur ?
Quel trouble il a fait voir ! quel defordre Cleone !
Non, je n'en puis douter, le cruel m'abandonne ;
Et plus barbare encor pour moi que Tomyris,
Il veut ... Mais quel foupçon vient frapper mes
efprits ?

Si j'en crois Aryante ; au perfide que j'aime
La Reine offre sa main avec son diadême.
Auroit-il accepté ... Puis-je en douter , grands
       Dieux ?
Cyrus n'est pas Amant , il est ambitieux.
Si du fond de l'Asie il vient briser mes chaînes,
Mon Trône est le seul prix qu'il propose à ses peines.
Cet espoir le flattoit ; le sort l'a démenti ,
Et dans ce grand revers il a pris son parti.
L'ingrat ne m'aime plus .

CLEONE.

           Dites plûtost , Madame ,
Qu'il ne brula jamais d'une plus belle flame ;
Qu'étouffant un amour qui vous seroit fatal ,
Son cœur pour vous sauver , vous cede à son Rival.
Captif , il est contraint de ceder à l'orage :
Il sçait de Tomyris tout ce que peut la rage.
Il prevoit les malheurs qui vont tomber sur vous.

MANDANE.

Que ne m'épargnoit-il le plus cruel de tous !
Croit-il donc que l'exil , la prison , la mort même
Approche du malheur de perdre ce qu'on aime?
Que de tout autre sort mon cœur soit allarmé ;
Helas ! s'il le peut croire , il n'a jamais aimé.
Mais tu prétens en vain me rendre l'esperance ;
Je n'ai vû dans ses yeux que de l'indifference.
L'ingrat pour Tomyris garde tout son amour.
Ma Rivale triomphe ; & peut-être en ce jour ....
Non , ne le souffrons pas. Vien ; qu'on cherche A-
     ryante.
S'il m'aime , qu'il me serve au gré de mon attente.
Ah ! s'il ose arracher Cyrus à Tomyris ,
Il peut tout esperer ; ma main est à ce prix.

Fin du Second Acte.

ACTE III.
SCENE PREMIERE.
ARYANTE, ORONTE.

ORONTE.

OUy, Seigneur, Tomyris m'a chargé
    de vous dire
Qu'à combler tous vos vœux Cyrus
    même conspire.
Pour arracher Mandane aux plus fu-
    nestes coups,
Feignant d'être infidelle, il a parlé pour vous ;
La Princesse allarmée, interdite, incertaine,
Pour mieux être éclaircie a demandé la Reine ;
Et vous rendrez bientôt graces à Tomyris
De tout ce que pour vous ses soins ont entrepris.

ARYANTE.

Ce que tu dis, Oronte, a-t-il quelque apparence?
Et dois-je sur ta foy reprendre l'esperance ?
Quoy ? je pourrois... helas ! que j'aime à me
    tromper !
Si le destin me rit, c'est pour mieux me fraper.
Du bien qu'il me promet, l'agreable mensonge,
Sans doute en un moment s'enfuira comme un son-
    ge,

Et mon heureux rival... ah ! j'en fremis d'horreur,
Mon espoir en mourant r'anime ma fureur.
Fortune, de tes coups c'est icy le plus rude.
J'avois fait de mes maux une longue habitude ;
Mais, si prés d'un bonheur où je n'osois penser,
Malheur à mon rival, s'il m'y faut renoncer.
Mais on vient...

SCENE II.

ARYANTE, ARIPITHE, ORONTE.

ARIPITHE.

EN ces lieux Cyrus prêt à se rendre,
Vous demande, Seigneur, un moment pour l'en-
tendre,
Et la Reine consent...

ARYANTE.

Aripithe, il suffit ;
(*Aripithe se retire.*)
Qu'il vienne. Justes Dieux ! quel trouble me saisit !
Le seul nom de Cyrus rallume ma vengeance ;
Et comment sans horreur soutenir sa presence ?

SCENE III.

CYRUS, ARYANTE, ORONTE.

CYRUS.

Vous triomphez, Seigneur, de tenir sous vos
    loix,
Un Roy qui commandoit aux plus superbes Rois,
Avant que les destins vous donnant la victoire,
L'eussent precipité du faîte de la gloire.
Mais quoy que ce triomphe ait pour vous d'écla-
    tant,
La fortune ennemie, en me precipitant,
Vous en offre un nouveau que vous n'osiez atten-
    dre;
Ouy, jusqu'à vous prier elle me fait descendre.
Malgré tout mon orgueil je m'y trouve reduit,
Et c'est le seul dessein qui vers vous me conduit.
Vous sçavez pour quels jours je vous demande
    grace;
D'une Reine en fureur vous sçavez la menace,
Mandane doit perir, on vous voir son époux,
Il faut qu'elle choisisse entre la mort & vous.
Je prévois ses refus, j'en prévois la vengeance,
Et c'est à vous, Seigneur, à prendre sa défence;
Car je ne pense pas qu'à luy donner la mort
Avec ses ennemis son Amant soit d'accord :
Et quand de son trépas l'épouvantable image
Luy feroit accepter un Hymen qui l'outrage;
Ce bien eût-il pour vous mille fois plus d'attraits,
J'ose m'en assurer, vous ne voudrez jamais
Qu'une grande Princesse en secret vous accuse
D'arracher une main que son cœur vous refuse.

ARYANTE.

Et sur quoy croyez-vous, qu'en acceptant ma foy,
Sans l'aveu de son cœur sa main se donne à moy ?
Le trône que j'occupe est-il indigne d'elle ?
Mon amour ne peut-il en faire une infidelle ?
Et tout ce que j'ay fait pour luy sauver le jour,
Seroit-il trop payé par un tendre retour ?

CYRUS.

Quoy ? Mandane pourroit... Non, je ne le puis
    croire ;
Pour trahir ses sermens elle aime trop sa gloire ;
Et du don de son cœur je serois peu jaloux,
S'il s'étoit oublié jusqu'à brûler pour vous.

ARYANTE.

A quel point osez-vous vous oublier vous-même ?
Quoy ? tout chargé de fers... Dieux ! quel orgueil
    extrême !
Vaincu, jusqu'au mépris vous portez votre cœur :
Que feriez-vous de plus si vous étiez vainqueur ?

CYRUS.

Si le destin sur vous m'eût donné la victoire,
Mon cœur à s'abaisser eût mis toute sa gloire.
N'en doutez point, Seigneur ; des Rois tels que Cy-
    rus,
Ne sont jamais plus fiers que lors qu'ils sont vain-
    cus.

ARYANTE.

Mais sçavez-vous, Seigneur, qu'une fierté si vaine,
A quelque éclat enfin pourroit porter ma haine,
Et qu'il est dangereux d'irriter mon couroux ?

CYRUS.

Ouy, tout mon sort dépend de la Reine & de vous.
Mais ce même destin qui vous en fait l'arbitre,
Ne peut-il pas sur vous me donner même titre ?
Quels Rois, quels Conquerans se sont jamais flattez
D'avoir fixé le cours de leurs prosperitez ?
Tant que l'astre du jour roule encor sur nos têtes,

Notre bonheur chancelle ainli que nos conquêtes:
Tout notre fort dépend du dernier de nos jours;
Et vous n'ignorez pas que fans un prompt fecours,
Un Roy qui du deftin défioit le caprice,
Expiroit à mes yeux dans un honteux fupplice.
Mais n'allez pas chercher des exemples fi loin,
Cyrus peut aujourd'huy vous épargner ce foin.
Plus je fus élevé, plus ma chute eft terrible;
Et mon dernier malheur fert de preuve infaillible
Que le fort me gardoit fes plus perfides coups,
Puis qu'il m'abbaiffe affez pour me foumettre à
    vous.

ARYANTE.

Ah! c'en eft trop enfin, & ce fanglant outrage....
Mais à vous épargner, trop d'interêt m'engage;
Et fi mon bras differe à vanger vos mépris,
Rendez grace aux bontez qu'a pour vous Tomyris,
Elle attache à vos jours les jours de la Princeffe.

CYRUS.

Ah! Seigneur, à ce nom toute ma fierté ceffe.
Si vous ne la fauvez, Mandane va perir,
Et c'eft à vous enfin que je dois recourir.
Vous me devez, Seigneur, quelque reconnoiffance
D'avoir fçu condamner mon amour au filence.
Ouy, pour porter Mandane à vous donner la main,
J'ay pris foin d'étouffer mes foupirs dans mon fein.
Voila ce que j'ay fait pour vous, contre moy-même,
Et que ne fait-on pas pour fauver ce qu'on aime!
Un poignard dans fon fang alloit être trempé;
Un mot, un feul regard, un foupir échapé
Eût été de fa mort l'arrêt irrevocable:
Pour vous la conferver j'ay feint d'être coupable.
Il ne tient pas à moy qu'elle ne foit à vous:
Mais fi de Tomyris bravant tout le courroux,
Elle aime mieux la mort qu'un funefte Hymenée,
Songez que vous l'aimez, qu'elle eft infortunée,
Et que dans le peril qui menace fes jours,

Ce n'eſt plus que de vous qu'elle attend du ſe-
cours,
Mais je dois vous quitter, Seigneur, je vois la
Reine.

SCENE IV.

TOMYRIS, CYRUS, ARYANTE, ORONTE.

TOMYRIS *arrêtant Cyrus.*

NOn, ne me fuyez pas, ne craignez plus ma
haine.
Nos differens, Seigneur, vont finir pour jamais;
Et Mandane conſent à nous donner la paix.

CYRUS.

Qu'entens-je ?

TOMYRIS.

Avec mon fils elle doit être unie,
Et c'eſt par cet Hymen que la guerre eſt finie.

CYRUS.

Et Mandane y conſent ?

TOMYRIS.

Elle en fait ſon bonheur.

CYRUS.

Dieux ! de quel nouveau trait me percez-vous le
cœur ?
(*à Tomyris.*) Barbare, triomphez, livrez-vous à la
joye,
Joüiſſez des tourmens où mon ame eſt en proye ;
Moy-même j'ay porté Mandane à me trahir,
Pour trop l'aimer, helas ! je m'en ſuis fait haïr :

Plus

Plus que je ne voulois je l'ay perſuadée,
Et par moy votre rage eſt ſi bien ſecondée,
Que d'un affreux Hymen qui m'ouvre le tombeau,
J'ay de ma propre main allumé le flambeau.
Achevez votre ouvrage : aprés ce coup funeſte,
Je demande la mort, c'eſt tout ce qui me reſte :
Mon rival eſt heureux, ne me condamnez pas
Au ſupplice de voir Mandane entre ſes bras.
Et pour vous, & pour luy, ma mort eſt neceſſaire,
Ouy, Madame; & ſur-tout gardez qu'on la differe.
Un moment peut changer votre ſort & le mien,
Je vous laiſſe y penſer; mais conſultez-vous bien,
Et ſi votre fureur rit de mon impuiſſance,
Craignez cent mille bras armez pour ma vangeance

SCENE V.

TOMYRIS, ARYANTE.

ARYANTE.

VOus l'entendez, Madame; & notre ſureté
Nous fait de ſon trépas une neceſſité.
Pour arrêter ces bras dont la vangeance eſt prête,
Au milieu de ſon camp faiſons porter ſa tête;
Dés qu'il ne ſera plus, tous ces peuples ſoumis,
Loin d'être ſes vangeurs, ſeront ſes ennemis,
Et de leurs fers briſez viendront nous rendre gra-
    ces,
Plûtôt que d'accomplir ſes ſuperbes menaces.
Ne differez donc pas.
TOMYRIS.
                    Détrompez-vous, Seigneur,
Craignez tout des efforts d'une premiere ardeur.

Tous ces peuples soumis font faits à l'efclavage ;
Et de la liberté quand nous perdons l'ufage,
Le temps feul dans nos cœurs en reveille l'amour.
Non,non, ce n'eft point là l'ouvrage d'un feul jour.
Cyrus à fon courage égalant fa prudence,
Prend foin fur fes bienfaits de fonder fa puiffance.
Moy-même , je l'ay vû de vingt Rois entouré :
Quel refpect ! quel amour ! il en eft adoré.
Je ne rends qu'à regret ce tribut à fa gloire.
Mais on adorera jufques à fa memoire ;
Et s'il perd par nos mains la lumiere des Cieux,
Mille fleuves de fang inonderont ces lieux.
Je vous l'ay déja dit ; les Perfans pleins de rage,
Bien-tôt de fa prifon viendront vanger l'outrage.
Malgré tous mes captifs qu'ils offrent pour Cyrus,
Ils n'ont pû de ma part obtenir qu'un refus.
Pour prevenir les maux où le Ciel nous condamne,
Il faut fans differer vous unir à Mandane.
Je l'ay laiffée en proye à fes foupçons jaloux,
Elle veut un moment s'expliquer avec vous ,
Sans doute par Cyrus fe croyant outragée ,
Sa derniere efperance eft de fe voir vangée.
Si fa bouche pour vous fe declare une fois,
Cyrus, tout fier qu'il eft , refpectera fon choix ;
Ou plûtôt pour jamais renonçant à fa flame,
A la feule grandeur il livrera fon ame.

ARYANTE.

Non , ne nous flattons pas de le voir en ce jour,
Pour fe rendre à fa gloire oublier fon amour.
Pour Mandane un tel fort ne fut jamais à craindre,
Elle allume des feux que rien ne peut éteindre :
Et l'ingrate à mon cœur ne l'a que trop appris,
Puifque je l'aime encor aprés tous fes mépris.

TOMYRIS.

Hé bien, de fes mépris puniffez l'infolence,
Et dans un prompt Hymen cherchez-en la van-
    geance.

ARYANTE.
Ah ! s'il faut me vanger, c'est plûtôt d'un rival,
Qui seul de mon bonheur est l'obstacle fatal :
Tant qu'il verra le jour, point d'Hymen à preten-
	dre.
Pour en briser les nœuds il peut tout entreprendre ;
Fier même dans les fers, si jamais il en sort,
Il sacrifiera tout à son jaloux transport ;
Il faut le perdre enfin, ou ma perte est certaine.
TOMYRIS.
Vous parlez en rival, je dois agir en Reine.
Si ce fameux captif perissoit aujourd'huy,
Tout mon peuple aussi-tôt periroit aprés luy.
Cependant je vois trop que pour vous satisfaire,
En vain je veux agir moins en Reine qu'en Mere :
Il est temps de me rendre au bien de mes Sujets,
Je ne puis les sauver qu'en acceptant la paix.
Mais songez à quel prix Cyrus me la propose :
De tous nos differens il faut ôter la cause,
Il faut remettre enfin Mandane en liberté ;
Votre cœur sur ce point s'est-il bien consulté ?
Et peut-il sans fremir perdre tout ce qu'il aime ?
ARYANTE.
Dieux ! à quoy me resoudre ?
TOMYRIS.
	        A vous vaincre vous-même,
A servir un rival, à couronner ses feux,
A mourir, puis qu'enfin vous n'osez être heureux.
J'avois pour votre amour signalé ma prudence,
Il ne vous en coutoit qu'un peu de violence.
Vous n'avez pas voulu. Soupirez, gemissez ;
Venez voir d'un rival les feux recompensez :
Mais n'accusez que vous d'un Hymen si funeste.
ARYANTE.
Moy, je pourrois former des nœuds que je deteste !
C'en est fait, je me rends. Le bonheur d'un rival
Est de tous les malheurs pour moy le plus fatal.
	        D ij

Ouy, ſans plus differer, achevons notre ouvrage,
Pour devenir heureux mettons tout en uſage;
Et vous, ne ceſſez point d'exercer vos bontez,
Madame.

TOMYRIS.

J'en ay plus que vous ne meritez.
Mandane par mon ordre à vos yeux va paroître;
Confirmez les ſoupçons qu'en ſon cœur j'ay fait
　　　naître,
Etalez de Cyrus l'outrage ſans égal,
Le mépris d'une main qu'il cede à ſon rival.
Sur-tout, faites ſentir à ſon ame jalouſe,
Qu'il m'aime; & s'il le faut, dites-luy qu'il m'é-
　　　pouſe.
Déja dans ſa priſon j'ay fait ſemer ce bruit,
Répondez à des ſoins dont vous aurez le fruit.
Mais je la vois venir, je vous laiſſe.

SCENE VI.

ARYANTE, MANDANE,
Gardes.

ARYANTE.

AH! Madame,
Dois-je en croire aux tranſports que je ſens dans
　　　mon ame?
Et lorſque dans ces lieux on vous oſe outrager,
Serois-je aſſez heureux pour pouvoir vous vanger?

MANDANE.

Ouy, Seigneur; on me fait une mortelle offence,

Et je veux vous charger du soin de ma vengeance.
Jusques dans ma prison un bruit injurieux
M'annonce que Cyrus va regner en ces lieux ;
L'ingrat pour Tomyris me quitte & me dédaigne ;
Mais vous-même, Seigneur, souffrirez-vous qu'il
    regne ?
Verrez-vous un rival malgré vous s'établir
Dans un rang que vous seul avez droit de remplir ?

ARYANTE.

Helas ! que j'oublirois aisément cette audace,
S'il ne me disputoit que cette seule place !
Mais mon destin, Madame, aura bien plus d'hor-
    reur,
S'il occupe à la fois mon trône, & votre cœur.

MANDANE.

Mon cœur ! Et vous pouvez me tenir ce langage ?
Non, il n'aura jamais ce superbe avantage.
Je ne vous cache point que l'Auteur de mes jours
N'ait fait naître pour luy mes premieres amours ;
Et que par mille exploits ébloüissant mon ame,
Cyrus jusqu'aujourd'huy n'ait accru cette flame.
Mais que je l'aime encore aprés sa lâcheté !
Non, mon cœur n'est point fait pour cette indi-
    gnité.
Je ne vois plus en luy que l'objet de ma haine.

ARYANTE.

Ah ! Dieux ! que n'est-il vray ! sa mort seroit cer-
    taine ;
Et son sang . . . .

MANDANE.
    Arrêtez, moderez ce transport,
Ce seroit l'épargner que luy donner la mort.
Qù'il vive dans vos fers, que pour prix de son cri-
    me,
D'un éternel remords son cœur soit la victime.

ARYANTE.

Et vous le haïssez ?

MANDANE.

　　　　　　　Si je le hais ! grands Dieux !
A-t-il rien oublié pour se rendre odieux ?
Mais, Seigneur, je le vois ; en vain de ma vangeance
Mon cœur sur votre amour a fondé l'esperance,
Et j'ay trop presumé de mes foibles appas,
Quand j'ay cru....

ARYANTE.

　　　　　　Juste Ciel ! je ne vous aime pas !
Ah ! depuis le moment que mon ame éperdue
A pris dans vos beaux yeux cet amour qui me tue,
Vos rigueurs, vos mépris, le bonheur d'un rival,
Ont-ils éteint l'ardeur d'un poison si fatal ?
Pour vous mettre à couvert des fureurs de ma mere
Prête à vanger sur vous tout le sang de mon frere,
N'ay-je pas devoüé ma tête à son couroux ?
Helas ! combien de fois ay-je tremblé pour vous !

MANDANE.

Hé bien, si vous m'aimez, osez tout entreprendre.
Pour mettre votre amour en droit de tout preten-
　　　dre,
Si ma main est pour vous un assez digne prix,
Arrachez à Cyrus celle de Tomyris.

ARYANTE.

Dieux ! que m'ordonnez-vous ?

MANDANE.

　　　　　　　　Vous balancez !

ARYANTE.

　　　　　　　　　　Cruelle !
S'il ne faut que mourir pour vous prouver mon
　　　zele,
Parlez, mon sang est prêt, il brûle de sortir ;
Mais d'un affreux trépas qui peut vous garantir ?
Et que n'osera point une Reine barbare,
Si contr'elle aujourd'huy pour vous je me déclare ?
Ne precipitons rien, il est d'autres secours,
Je puis briser vos fers sans exposer vos jours.

Pour les mieux affurer, differons nos vangeances,
Jufqu'en votre prifon j'ay des intelligences.
Ouy, Madame, & bien-tôt tout me fera permis,
Si le fuccés répond au foin de mes amis.
Affuré de vos jours je n'auray plus d'allarmes,
Pour foutenir mes droits j'auray recours aux ar-
     mes,
Et vous verrez Cyrus contraint à renoncer
Au vain efpoir d'un trône où je dois vous placer.

MANDANE.

Quel fupplice pour luy ! je goûte par avance,
Le plaifir que mon cœur attend de ma vangeance.
Il y manque un feul point, c'eft qu'il en foit inf-
     truit.
S'il pouvoit l'ignorer, j'en perdrois tout le fruit.
Quel triomphe pour moy, fi l'ingrat qui m'outrage
Peut fçavoir que fa chûte eft mon unique ou-
     vrage !
Qu'il l'apprenne, Seigneur. Avant de le punir,
Pour la derniere fois je veux l'entretenir,
Et dans cet entretien luy montrer tant de haine,
Qu'en cherchant qui le perd, il me trouve fans
     peine.

ARYANTE.

Vous voulez, dites-vous ! … Non, ne le voyez pas.

MANDANE.

Que craignez-vous ?

ARYANTE.

        Je crains vos dangereux appas.
Je ne connois que trop que tout leur eft poffible.
Cyrus même autrefois n'y fut que trop fenfible;
Et fi fes premiers feux alloient fe r'allumer,
Vous l'aimeriez encor…

MANDANE.

        Moy, je pourrois l'aimer ?
Que vous connoiffez mal la fierté de mon ame !
Qu'il vienne; & mon courroux à vos yeux … .

ARYANTE

                      Non , Madame ,
Je n'y puis confentir. Pour punir un ingrat,
Le plus profond filence eft plus fûr que l'éclat.

MANDANE.

Vous ne voulez donc pas répondre à mon envie?

ARYANTE.

Ce funefte plaifir vous couteroit la vie.
Tout m'allarme , Madame ; & je crains en ce jour
La haine de ma mere , autant que votre amour.

MANDANE.

Non ; ces vaines raifons n'ont rien qui m'éblouïffe ,
Et je vois vos refus malgré votre artifice.
Mais enfin je vous viens d'expliquer mes fouhaits ;
Si je ne vois Cyrus , ne me voyez jamais.

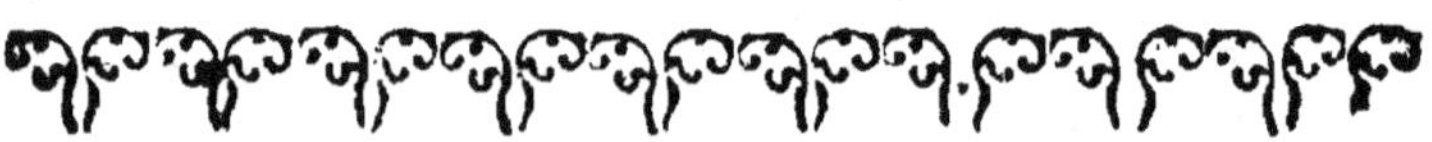

SCENE VII.

ARYANTE *feul.*

QUel coup de foudre , ô Ciel ! détruit mon ef-
            perance !
D'un bonheur trop charmant , ô trop vaine appa-
            rence !
O revers imprevû qui confond mes efprits !
Allons fur ce malheur confulter Tomyris.

Fin du troifiéme Acte.

ACTE IV.

SCENE PREMIERE.

TOMYRIS, GELONIDE, ARYANTE.

TOMYRIS.

On, ne permettons pas leur fatale en-
   trevuë ;
La Princesse à jamais pour vous seroit
   perduë.
En vain à votre hymen j'aurois sçû la
   porter ,
Un éclaircissement feroit tout avorter.
Cyrus triompheroit ; il est temps qu'il perisse.
Reposez-vous sur moy du soin de son supplice.
Mais les Persans pourroient empêcher son trépas ;
Allez à leur fureur opposer votre bras.

ARYANTE.

Ah ! de tous les Persans perdons le plus terrible.
Assuré de sa mort je vais être invincible.

TOMYRIS.

Allez combattre & vaincre, & j'arreste les Dieux
Que vous ne verrez plus de Rival en ces lieux.

ARYANTE.

Mais ...

TOMYRIS.

Ne repliquez plus ; hâtez-vous, le tems presse.

ARYANTE.

Oui, Madame, j'y cours. *(à part)* Songeons à ma Princesse.

SCENE II.

TOMYRIS, GELONIDE.

GELONIDE.

VOus allez donc, Madame, immoler votre Amant?

TOMYRIS.

Du cœur de Tomyris juge plus sainement.
C'est d'un sang odieux que ma main sera teinte.
Pour éloigner mon fils j'ai recours à la feinte.
Enfin je ne voi plus d'obstacle à ma fureur,
Et ma Rivale ici n'a plus de protecteur.

GELONIDE.

Mais, Mandane au tombeau, qu'esperez-vous, Madame?

TOMYRIS.

Je te l'ai déja dit; les transports de mon ame
Tiennent de la fureur autant que de l'amour,
L'un & l'autre en tyrans y regnent tour à tour;
Et s'il faut t'avouer lequel des deux l'emporte,
Je sens que la fureur est enfin la plus forte.
L'amour a beau parler, je ne l'écoute plus,
Et je ne répons pas que j'épargne Cyrus.
Commençons toutefois par immoler Mandane.
Au destin qui l'attend c'est lui qui la condamne.
Tu vois par l'entretien qu'elle ose demander,
Si l'ingrat a pris soin de la persuader.
Je veux bien cependant, avant qu'elle perisse,

Garder pour son trépas quelque ombre de justice.
Elle trompe Aryante ; & loin de m'obeïr,
Avec elle Cyrus conspire à me trahir.
Il faut qu'ils soient tous deux convaincus de leur
    crime,
Et pour lors ma fureur choisira sa victime.
Mandane & son Amant en ces lieux vont venir ;
Sans témoins, par mon ordre, ils vont s'entretenir :
C'est où je les attens. Qu'ils viennent, Gelonide :
De leur sort & du mien cet entretien décide.
Mandane l'a voulu, j'y consens à mon tour.
Mais, ô plaisir funeste ! elle en perdra le jour.
On ouvre, je la vois ; dissimulons encore.

✿✿✿✿✿✿✿✿✿✿✿✿✿✿ : ✿✿✿✿✿✿✿✿✿✿✿✿✿✿

SCENE III.

TOMYRIS, MANDANE, GELONIDE.

TOMYRIS.

JE cede aux volontez d'un fils qui vous adore,
  Madame, & je veux bien risquer en sa faveur
Tout le droit que Cyrus m'a donné sur son cœur.
Je ne me flatte point : je sçai que ma conquête
Peut encor m'échaper, si ma main ne l'arrête ;
Et mon hymen peut-être auroit dû prévenir
L'entretien que mon fils vous a fait obtenir.
Vous allez voir Cyrus. Si vous l'aimez, Madame,
Par des reproches vains n'accablez point son ame.
Il n'est que trop puni de vous manquer de foi ;
Il perd bien plus en vous qu'il ne retrouve en moi.
Sur-tout, gardez-vous bien d'ajouter à la plainte
Le soin de rallumer une esperance éteinte.

Je le connois, je sçai qu'il est ambitieux,
Que la seule grandeur peut éblouïr ses yeux,
Et qu'il vous donneroit toute la préference,
Si mon Trône & le vôtre entroient en concurrence:
Mais songez qu'il perdroit & le vôtre & le mien,
Et que pour l'aggrandir vous ne pouvez plus rien.

MANDANE.

Ah ! de grace, quittez ces injustes allarmes,
Madame. Hé pensez-vous qu'au défaut d'autres
          charmes ,
Je daigne avoir recours à l'éclat des grandeurs,
Pour éblouïr les yeux & captiver les cœurs ?
Cyrus, je le confesse, autrefois sçut me plaire.
J'avois crû qu'il m'aimoit : cette erreur me fut
          chere :
Mais mon cœur aussi-tôt libre que détrompé,
Est enfin tout entier de sa gloire occupé.
Oui, Madame, Cyrus peut croire que je l'aime.
Il faut de son erreur le détromper lui-même ;
Que sur-tout par ma bouche il en soit éclairci;
Et c'est dans ce dessein que je l'attens icy.

TOMYRIS.

Ou je suis fort trompée, ou j'entrevoi, Madame,
A travers ce dépit quelque reste de flame.
L'objet qui la causa pourroit la rallumer.
Non, ne le voyez point.

MANDANE.

                    C'est trop vous allarmer.
Pour rappeller à moi l'ingrat qui m'abandonne,
Je ne puis, comme vous, donner une Couronne.

TOMYRIS.

Vous pourriez lui donner un malheureux amour,
Qui peut-être à tous deux vous coûteroit le jour.
Craignez une vangeance où ma gloire m'engage ;
Songez qne je suis Reine , & sensible à l'outrage ;
Qu'enfin … Mais Cyrus vient.

SCENE

SCENE IV.

TOMYRIS, CYRUS, MANDANE, GELONIDE.

CYRUS.

Qu'exigez vous de moy ?
Faut-il redire encor que j'ai trahi ma foy ?
Pourquoi redemander un aveu qui me blesse ?
N'avez-vous pas déja celuy de la Princesse ?

TOMYRIS.

Elle a voulu, Seigneur, s'expliquer avec vous ;
Et mon fils y consent, loin d'en estre jaloux.
Achevez d'étouffer une funeste guerre.
Vous sçavez de quel sang j'ay vû rougir la terre.
Je veux bien l'oublier ; songeons à nous unir :
Mon fils est à l'Autel, hâtez-vous d'y venir.
(à Mandane)
Vous ne pouvez trop tôt répondre à sa tendresse.
(à Cyrus)
Vous, Seigneur, vous sçavez quelle est votre pro-
    messe.

E

SCENE V.

CYRUS, MANDANE.

CYRUS.

Vous allez donc combler les desirs de son fils?
MANDANE.
Je tiendrai, comme vous, tout ce que j'ay promis.
CYRUS.
Je l'ai voulu, Madame, & je ne puis m'en plaindre.
Mais puisqu'il m'est permis de ne me plus contrain-
    dre ;
Mon cœur, je l'avoûrai, se flatoit en secret,
Qu'on me perdroit du moins avec quelque regret.
MANDANE.
Hé sur quoy fondiez-vous cette vaine esperance ?
Devois-je être fidelle aprés votre inconstance ?
En me sacrifiant vous estiez-vous flatté
Du barbare plaisir de vous voir regretté ?
Ah ! vous joüiriez trop de votre sacrifice;
Et moi, je traiterois avec trop d'injustice
L'ardeur d'un tendre Amant ou plûtôt d'un Epoux,
Qui d'un cœur sans partage est plus digne que vous.
CYRUS.
O Ciel ! il est donc vrai ? Votre cœur infidelle
Brûle pour mon Rival d'une flâme nouvelle.
Mais que dis-je, nouvelle ? Un si parfait amour
N'est pas dans votre cœur formé depuis un jour :
Et tantôt mon Rival .... Dieux ! je n'osois le croire.
Hé, pouvois-je penser, sans blesser votre gloire,
Que tandis que Cyrus, au seul bruit de vos fers

Abandonnoit pour vous cent Triomphes divers,
Et dans un vaste champ ouvert à ses conquêtes
Negligeoit de cueillir des palmes toutes prêtes,
Pour venir en ces lieux vous consacrer ses jours,
Votre cœur lui gardât de perfides amours ?

MANDANE.

Hé de quoi m'a servi l'ardeur de votre zele ?
N'avois-je pas assez de ma douleur mortelle ?
Faloit-il redoubler l'horreur de ma prison
Par l'horreur du parjure & de la trahison ?
Que ne me laissiez-vous dans un long esclavage ?
J'aurois pû me flater que votre grand courage
Gardoit pour le dernier de ses fameux exploits,
L'honneur de m'arracher à de barbares loix :
Ou du moins votre cœur m'auroit permis de croire
Qu'il n'oublioit l'amour que pour suivre la gloire.
Mais, helas ! vous venez, vous volez en ces lieux,
Pourquoi ? Pour étaler vos mépris à mes yeux ;
Et vous portez si loin votre injustice extrême,
Qu'aux mains d'un autre Epoux vous me livrez
     vous-même.

CYRUS.

Cruelle ! il faloit donc vous conduire à l'Autel,
Et vous laisser tomber sous un couteau mortel ?
D'une Reine en fureur vous étiez la victime.
J'ay voulu vous sauver : voilà quel est mon crime.
Oui, reduit à vous voir, par un arrêt fatal,
Dans les bras de la mort, ou dans ceux d'un Rival,
Je n'ai point balancé. Vous sçavez tout le reste.
Chargé de proposer un hymen si funeste,
Quel tourment ! De moi-même il m'a falu garder.
Il m'importoit sur tout de vous persuader.
Je l'ai fait : Vous allez épouser Aryante,
Et moi je vais mourir. Regnez, vivez contente.
Mais pour sauver vos jours, quand je cours au tré-
     pas,
Si vous ne me plaignez, ne me condamnez pas.

MANDANE.

Qu'ai-je entendu ? grands Dieux ! que je suis cri-
           minelle !
Quoi ? j'ai pû soupçonner l'Amant le plus fidele,
Tandis qu'il s'immoloit pour me prouver sa foi !
Ah, Seigneur ! si jamais vous brûlâtes pour moy,
Et si vous connoissez l'amour & sa puissance,
Pardonnez une erreur qui lui doit sa naissance.
Vous sçavez qu'un cœur tendre est toûjours allar-
           mé ;
Et j'aurois moins failli, si j'avois moins aimé.
J'avoûrai, s'il le faut, que je n'ai pas dû croire
Qu'un Heros jusqu'ici couvert de tant de gloire ,
En eût terni l'éclat par une trahison :
Mais pouvois-je vous perdre, & garder ma raison?

CYRUS.

Ah ! c'en est trop, Madame ; Aryante lui-même
Ne peut qu'être jaloux de mon bonheur extrême.
Allez à ce Rival engager votre foi.
Je triomphe de lui ; votre cœur est à moi.

MANDANE.

Moi, je pourrois souffrir qu'une fatale chaîne
Me livrât pour jamais à l'objet de ma haine !
Mais vous-même Seigneur, pourriez-vous le souf-
           frir ?
Il m'attend à l'Autel ; j'y vais, mais pour mourir.

CYRUS.

Pour mourir ! justes Dieux ! quel funeste langage !

MANDANE.

Heureuse , si mon sang peut expier l'outrage
Dont j'ay voulu fletrir l'amour le plus parfait!
Puis-je trop en répandre ?

CYRUS.

                    Helas ! qu'ai-je donc fait ?
Cruel, n'ai-je pas dû , sans rompre le silence,
Vous laisser de mon cœur soupçonner la constance ?
De votre hymen mon crime allumoit le flambeau;

Et vous fortez d'erreur pour defcendre au tombeau.
Ah ! s'il faut à ce prix recouvrer votre eftime ,
Reprenez votre erreur , & rendez-moi mon crime,

MANDANE.

Hé quoi ? vous avez crû que j'allois à l'Autel ,
De tous mes ennemis cherchant le plus cruel ,
Des caprices du fort victime infortunée ,
Lui donner une main qui vous fut deftinée ?
Détrompez-vous, Seigneur. Par un noble tranfport,
Aux pieds de Tomyris j'allois chercher la mort.
J'allois à fes fureurs m'offrir en facrifice.
Ne vous plaignez donc plus quand je cours au fup-
      plice ,
De me donner la mort en m'ôtant mon erreur :
Loin de me la donner, vous m'en ôtez l'horreur.
Oui , Seigneur, je fentois une horreur fans égale ,
De voir en expirant triompher ma Rivale.
Je n'en mourrai pas moins : mais mon fort eft trop
      beau ,
D'emporter avec moi votre cœur au tombeau.

CYRUS.

Quoi , vous allez mourir, & vous croyez, cruelle,
N'emporter que mon cœur dans la nuit éternelle ?
Non , ne l'efperez pas. Pour vous y devancer,
Je porte à Tomyris tout mon fang à verfer.

MANDANE.

O Ciel ! où courez-vous ? Non , Seigneur...

SSSSSSSSSS:SSSSSSSSSSSS

SCENE VI.

TOMYRIS, CYRUS, MANDANE.

MANDANE à *Tomyris*.

AH ! Madame,
Un affreux defefpoir s'empare de fon ame.
Il prétend s'accufer : Mais ne l'en croyez pas.
Pour me fauver la vie il cherche le trepas.

TOMYRIS.

Dieux ! qu'eft-ce que j'entens ?

MANDANE.

C'eft moi qui fuis coupable.
Il a beau me prier , je fuis inexorable.
Ah ! fi vous aviez vû quels efforts il a faits
Pour fervir votre fils au gré de vos fouhaits …
Non, il ne pouvoit mieux vous tenir fa promeffe.

CYRUS à *Tomyris*.

Aprenez à la fois mon crime & ma foibleffe,
Madame. C'eft moi feul que vous devez punir.
Mandane à voftre fils étoit préte à s'unir.
Du bonheur d'un Rival les funeftes approches
M'ont, malgré ma promeffe, arraché des reproches.
Vous en voyez l'effet ; vangez-vous, perdez-moi.
C'eft à mon feul trepas à degager fa foi.

TOMYRIS.

Oui , je me vangerai de votre perfidie.
Hola, Gardes à moi. Tremblez, fiere ennemie.
Il en eft temps. Reglez l'arrêt de votre fort.
Choififfez de mon fils enfin , ou de la mort.

MANDANE.

Qu'on me donne la mort.

TOMYRIS.

Oui, ta perte eſt certaine.
Qu'au ſortir de ces lieux on l'immole à ma haine.

CYRUS.

Arrêtez, inhumains

TOMYRIS.

Gardes, obeïſſez.

SCENE VII.

CYRUS, TOMYRIS.

CYRUS.

REine barbare ! Et vous, Dieux qui me trahiſ-
ſez !
Etes-vous comme moi, captifs & ſans puiſſance,
Quand vous voyez le crime accabler l'innocence ?
Qu'attendez-vous ? Frappez, vangez-moy, vangez-
vous.
Faites tomber la foudre au défaut de mes coups.
Mais, helas ! ils ſont ſourds ; & l'objet de ma flame
Peut-être en ce moment ... J'en fremis... Ah ! Ma-
dame,
De grace revoquez un ſi terrible Arrêt.
Qn'exigez-vous de moi ? Commandez, je ſuis prêt.
Mes Perſans, s'il le faut, renonçant à leur gloire,
Vont par un prompt départ vous ceder la victoire.
Rendez-leur ma Princeſſe, & redoublez mes fers.

TOMYRIS.

Tu penſes la ſauver, & c'eſt toi qui la perds.

L'ardeur de ton amour ranime ma vengeance.
Mais enfin c'en est fait ; Aripithe s'avance.

SCENE VIII.

TOMYRIS , CYRUS , ARIPITHE.

ARIPITHE.

Ah, Madame ! Aryante...
TOMYRIS.
Hé bien , expliquez-vous,
ARIPITHE.
Il vient de dérober la victime à nos coups.

CYRUS.

Dieux puissans !
TOMYRIS.
Et pour prix de cette audace extrême ,
Deviez-vous balancer à l'immoler lui-même ?
ARIPITHE.
J'aurois pû le punir dans mes premiers transports :
Mais il a triomphé malgré tous mes efforts.
Mandane au fer vangeur déja livroit sa tête ,
Le coup alloit tomber ; un cri perçant l'arrête ;
Et soudain votre fils écartant mes Soldats ,
Vole , joint la Princesse , & l'arrache au trépas.
Par mes soins , mais en vain , ma troupe rassem-
　　blée ,
En bravant le peril pour vous s'est signalée ;
J'ai vû par le succés son zele démenti ,
Et d'un fils revolté tout a pris le parti.
De votre Prisonniere enfin il est le Maître.

TOMYRIS.

A ma juste fureur qu'on immole ce traître.
Mais il pourroit plus loin porter sa trahison.
(*à Aripithe*)
Allez, & remettez Cyrus dans sa prison.
(*à Cyrus*)
Toi , ne croi pas Mandane à couvert de ma rage.

CYRUS.

Dieux , qui l'avez sauvée , achevez vòtre ouvrage.

SCENE IX.

TOMYRIS , GELONIDE.

TOMYRIS.

NOn , ne t'en flatte pas. Mais sans plus differer,
Des mains de ce rebelle allons la retirer.
GELONIDE.
Madame , le voici.

SCENE X.

TOMYRIS , ARYANTE, GELONIDE.

TOMYRIS.

QUelle est donc votre audace ?
Déja sur mes Sujets regnez-vous en ma place ?

Rendez-moi ma captive ; ou bientôt ma fureur
Va, pour vous l'arracher, remplir ces lieux d'horreur.

ARYANTE.

Hé, puis-je à plus d'horreur me préparer encore ?
Sur le bord du tombeau j'ay vû ce que j'adore.
O Mere impitoyable ! o Fils infortuné !
C'est donc là cet hymen qui m'étoit destiné ?
Quoi ? vos bontez pour moi n'ont été qu'une feinte,
Pour porter à mon cœur la plus cruelle ateinte ?
Ah ! c'en est trop enfin ; & ces perfides coups
Etouffent tout l'amour qui me restoit pour vous.

TOMYRIS.

Hé que m'importe, ingrat, ton amour ou ta haine ?
Ne cherche plus en moi qu'une Mere inhumaine.
Va, tu n'es plus mon fils. Sans toi, sans ton secours,
Un fer, de ma Rivale auroit tranché les jours.
De ma Rivale ! O Ciel ! qu'ai-je dit ! quelle honte !
Quoi ? je puis avoüer que l'amour me surmonte ?
Il fut toûjours secret ce malheureux amour ;
Tu le forces, cruel, à se montrer au jour.
Mais je vais te punir, en perdant ta Princesse,
De m'avoir arraché l'aveu de ma foiblesse.

ARYANTE.

Vous voulez donc la perdre ? Hé bien, je vois enfin
Qu'il faut l'abandonner à son triste destin.
Hé pourquoi la défendre ? & qu'est-ce que j'espere ?
Cet odieux Rival que son cœur me préfere,
De toutes mes bontez profiteroit un jour :
Mais, Madame, du moins servons-nous tour à tour :
Et puisqu'il faut frapper, frappons d'intelligence.
Oui, servez ma fureur, je sers votre vangeance.
Dans nos justes transports ne nous traversons plus.
Je vous livre Mandane, immolez-moi Cyrus.

TOMYRIS.

Sçais-tu bien, Aryante, à quoi ton cœur s'engage ?
Tu crois que mon amour est plus fort que ma rage.

Tu t'abuſes. Je vais par un dernier effort,
Offrir à mon ingrat ou mon ſceptre, ou la mort.
Mais malgré mes bontez s'il veut que je l'immole,
Je viens te demander l'effet de ta parole.

ARYANTE.

Vous pourriez immoler l'objet de votre amour ?
Grands Dieux ! de quelle Mere ai-je reçeu le jour !
Jugeant de votre ardeur par celle qui m'anime,
J'ai crû que fremiſſant au nom de la victime,
Vous ſauveriez Mandane en faveur de Cyrus.
Mais puiſque tous mes ſoins enfin ſont ſuperflus,
Sçachez que c'eſt en vain que Mandane inhumaine,
Autant que j'ay d'amour veut m'inſpirer de haine ;
Qu'un ſeul de ſes regards ſuffit pour m'attendrir,
Et que ſi par vos coups je la voyo s perir,
 Que ſçai-je ? ma fureur … Toute autre que ma
    Mere
Me payroit de ſon ſang un tête ſi chere.

TOMYRIS

Il faut donc t'animer à marcher ſur mes pas.
Oui, je veux en livrant ce que j'aime au trépas,
T'apprendre à te vanger d'une beauté cruelle.
Mais ſi le lâche amour dont tu brûles pour elle,
A mes reſſentimens s'obſtine à l'arracher ;
Dans le fonds de ton cœur ma main l'ira chercher.

SCENE XI.

ARYANTE ſeul.

QUel exemple barbare ! Hé, je pourrois le ſui-
    vre !
Ah ! plûtôt par ta main que je ceſſe de vivre.

Vien , Mere impitoyable , au gré de ta fureur
Arracher à ton fils & Mandane , & le cœur.
Mais suis-je encor ton fils, lorsque de sang avide,
Tu portes tes horreurs jusques au parricide ?
Quels horribles projets viens-tu de mettre au jour ?
Sourde à la voix du sang, à celle de l'amour,
Tu ne balances pas à franchir les limites
Qu'aux plus sauvages cœurs la nature a prescrites.
Prevenons l'inhumaine, & commençons d'abord ...

SCENE XII.

ARYANTE, ORONTE,

ORONTE.

AH, Seigneur ! les Persans font un dernier ef-
fort.
Tout fuit devant leurs pas ; nos Trouppes avancées
Dans leurs retranchemens viennent d'être forcées.
Accourez ; ou bientôt préparez-vous à voir
Et Mandane & Cyrus remis en leur pouvoir.

ARYANTE.

Dieux ! d'un coup si cruel vous fraperiez mon
ame ?
Vien, allons signaler ma fureur & ma flâme ;
Et si de ce combat le succés m'est fatal,
Revenons en ces lieux pour perdre mon Rival.

Fin du Quatriéme Acte.

ACTE.

ACTE V.

SCENE PREMIERE.

TOMYRIS, GELONIDE.

TOMYRIS.

Nfin je suis vaincuë, & le destin bar-
　　bare
Me trace à chaque pas la mort qu'il
　　me prépare.
Ces lieux où j'ay regné, n'offrent à
　　mes regards
Que morts & que mourans de tous côtez épars ;
Et parmi tant de traits où je me vois en butte,
Je ne puis esperer qu'une éclatante chute.
C'est auprés de Cyrus que je viens la chercher.
Si les Persans vainqueurs veulent me l'arracher,
Qu'ils osent penetrer ces nombreuses cohortes
Dont j'ai de sa prison environné les portes.

GELONIDE.

De grace, à leur fureur ne vous exposez pas ;
Sauvez-vous : Issedon vous tend encor les bras
Partez avec Cyrus ; qu'Aryante vous suive :
Il ne peut qu'en fuyant conserver sa Captive.

TOMYRIS

Ah ! m'accablent plutôt mes cruels ennemis !
Quoi ? j'irois obeïr où regneroit mon fils ?

F

Moi, qui foulant aux pieds les droits de sa naissan-
ce,
Lui retiens en ces lieux la suprême puissance ?
Non ; mon ambition auroit trop à souffrir :
J'ai vêcû sur le Trône, & je veux y mourir.
Je te diray pourtant, que ma chûte infaillible,
Des malheurs que je crains n'est pas le plus terri-
ble.
Deux Amans que je laisse au comble de leur vœux,
Des maux que je ressens voila le plus affreux.
O cruel desespoir ! necessité fatale
De mourir sans donner la mort à ma Rivale !
Par un fils odieux derobée à mes coups,
L'orgueilleuse triomphe, & brave mon courroux.
Triomphons à mon tour. Immoler ce qu'elle aime,
C'est toujours immoler la moitié d'elle même.
Sacrifions Cyrus. On va me l'amener ;
De son sort & du mien c'est à luy d'ordonner.
Malgré moy, ses regards ont surpris ma tendresse :
Mais jusqu'à l'avoüer si jamais je m'abaisse,
S'il me dédaigne enfin, c'est par un fer vangeur
Qu'il me verra chercher le chemin de son cœur.
Il vient. Dieux tout-puissans, qui voyez mon sup-
plice,
Ne me condamnez pas à ce grand sacrifice.

SCENE II.

TOMYRIS, CYRUS, GELONIDE,
Suite.

TOMYRIS.

LA Victoire, Seigneur, se déclare pour vous.
Mais ne prétendez pas me voir à vos genoux,

Le sang de mes sujets, dont la terre est couverte,
A ma juste fureur demande votre perte ;
Pour ce sang répandu le vôtre doit couler :
Oui, Seigneur, c'est vous seul qu'il me faut immo-
    ler.
Réduite à me vanger, gardez de m'y contraindre ;
Plus on me desespere, & plus je suis à craindre.

                CYRUS

Hé d'où vous peut venir cet affreux desespoir ?
Veut-on vous dépouiller du souverain pouvoir ?
Non ; mes vœux ne vont pas jusqu'à votre Couronne :
Je vous la remettrai si le sort me la donne,
Ce n'est point son éclat qui frape ici mes yeux.
Qu'on me rende Mandane, & je parts de ces lieux.

                TOMYRIS.

Non, à quelque revers que le sort nous condamne,
Ne prétendez jamais qu'on vous rende Mandane.
Mais les momens sont chers ; apprenez à quel prix
Vous pouvez désarmer le cœur de Tomyris.
Seigneur, que vos Persans s'éloignent de mes Ten-
    tes.
Arrachez mes Sujets d'entre leurs mains sanglantes.

                CYRUS.

Moi, je consentirois... qu'auriez-vous prétendu ?

                TOMYRIS.

Qu'ils s'éloignent, vous dis-je, ou vous êtes perdu.

                CYRUS.

Connoissez-vous Cyrus, quand vous croyez, Ma-
    dame,
Qu'une telle menace épouvante son ame ?
Cent fois dans les perils j'ay cherché le trépas ;
Je l'ai vû d'assez prés pour ne le craindre pas.
Tantôt, je l'avoûray, j'ai craint votre colere.
Il falloit vous livrer une tête trop chere,
Mandane alloit perir, mon cœur s'en est troublé ;
Dans cet affreux moment j'ai pâli, j'ai tremblé :
Mais Mandane est sauvée ; & malgré votre envie,

                    F ij

L'amour de mon Rival me répond de sa vie.

TOMYRIS.

Songez que ce Rival de mon sang est formé,
Et que par mon exemple il peut être animé.
N'exposez pas, Seigneur, cette tête si chere.
Peut-être que le temps calmera ma colere.

CYRUS.

Non, je n'espere pas calmer votre fureur.
N'ai-je pas vû tantôt . . . Dieux ! j'en fremis d'hor-
reur ;
Quel arrêt est parti d'une bouche inhumaine !

TOMYRIS.

Tu te souviens, ingrat, de ce qu'a fait ma haine ;
Et ne comptant pour rien ce qu'a fait mon amour ;
Tu ne te souviens pas qu'il t'a sauvé le jour !
Prête à te voir perir, de quel effroi glacée,
Entre mon fils & toi je me suis avancée !
Dis, cruel, as-tu vû balancer un moment
Mon cœur entre l'amour & le ressentiment ?
Mais que fais-je, grands Dieux ! je voi sa haine ex-
trême ;
Et je puis sans rougir lui dire que je l'aime !
Et je puis me réduire au desespoir affreux
De faire vainement un aveu si honteux !
Triomphe ; tu le dois : ta Victoire est entiere ;
Tomyris à tes yeux a cessé d'être fiere :
Mais crains une vangeance où tu me vois courir :
Je ne dis plus qu'un mot : Veux-tu vivre, ou mou-
rir ?
Ce choix est important, pese bien ta réponse,
Et dicte-moi l'arrêt qu'il faut que je prononce.
Parle, c'est trop long-temps suspendre mon cour-
roux.

CYRUS.

Si l'arrêt de mon sort doit dépendre de vous,
Puis-je faire aucun choix qui ne blesse ma gloire ?
C'est des Dieux que j'attens la mort ou la victoire.

TOMYRIS.

Et moi, malgré ces Dieux, je veux faire ton fort.
Va, rentre dans tes fers, & n'attens que la mort.

SCENE III.

TOMYRIS, GELONIDE.

TOMYRIS.

OUy, tu mourras, cruel; n'espere plus de gra-
　　ce,
Il faut par tout ton sang que ma honte s'efface.
C'en est fait; il est temps qu'un noble desespoir,
M'arrachant à l'amour, me rende à mon devoir.
N'en déliberons plus. Mais que veut Aripithe?
Dieux! que dois-je penser du trouble qui l'agite?

SCENE IV.

TOMYRIS, GELONIDE, ARIPITHE.

ARIPITHE.

JE ne puis vous cacher un funeste revers,
　　Madame; de Cyrus on va briser les fers.
Ses Gardes effrayez ne songent qu'à se rendre.

TOMYRIS.

Ah, Ciel! dans ce malheur quel parti dois-je pren-
　　dre?

Allons , fuivez mes pas... Que vois-je,juftes Dieux!
C'eft mon fils expirant qui fe montre à mes yeux.

SCENE V.

TOMYRIS, ARYANTE, ORONTE, ARIPITHE , GELONIDE.

ARYANTE *foûtenu par Oronte.*

Reine , fongez à vous ; les Perfans pleins de rage
Vont bien-tôt fur vous-même achever leur
    ouvrage.
Vos deux fils malheureux n'ont pû leur échaper ;
Il ne leur refte plus que la Mere à fraper.
Mon amour contre moy vous arma de colere ;
Que mon trépas du moins vous rende un cœur de
    Mere.
Vangez-moy ,vangez-vous , vangez tout l'Univers;
C'eft le fang de Cyrus que j'attends aux Enfers.
    (il meurt.)

SCENE VI.

TOMYRIS, GELONIDE, ARIPITHE.

TOMYRIS.

Ouy, tu l'auras ce fang à tout le mien funefte.
Nous ferons tous vangez, Dieux , je vous en
    attefte ,

Oui, Dieux qui m'entendez ; ſi je romps mon ſer-
    ment,
Déployez ſur ma tête un ſoudain châtiment ;
Puiſſe-je dans vos mains voir allumer la foudre,
Mon Trône mis en cendre, & tout mon peuple en
    poudre,
Moi-même être aſſervie, & pour dire encor plus,
Puiſſe-je voir Mandane heureuſe avec Cyrus !
Mais ne differons plus, il eſt temps que je frape ;
Si je ſuſpend mes coups, ma victime m'échape.
Aripithe, écoutez. Si jamais votre foi
Par des faits éclatans ſe ſignala pour moi ;
J'ay beſoin, pour ſçavoir juſqu'où va votre zele,
Et d'un cœur intrepide, & d'une main fidele.
Puis-je attendre de vous un genereux effort ?

ARIPITHE.

Commandez.

TOMYRIS.

A Cyrus allez donner la mort.

ARIPITHE.

Je ne balance point, vous ſerez obeïe.
Oui, duſſe-je perir, Cyrus perdra la vie ;
Mon zele juſqu'à lui va m'ouvrir un chemin ,
Et mon cœur vous répond d'une fidelle main.

SCENE VII.

TOMYRIS, GELONIDE.

GELONIDE.

Qu'avez-vous ordonné ?

TOMYRIS.

Ce que ma gloire ordonne ;

GELONIDE.

Quoi ? les Perfans vainqueurs n'ont rien qui vous
étonne ?
Ah ! revoquez de grace un fi funefte arrêt.
J'implore vos bontez ; & pour votre interêt,
Si vous comptez pour rien de vous perdre vous-
même ,
Songez quelle eft l'horreur de perdre ce qu'on aime.
Ecoutez votre amour.

TOMYRIS.

Que j'écoute une ardeur
Que je dois comme un monftre étouffer dans mon
cœur !
Un amour plus cruel qu'une horrible furie !
Contre lui , Gelonide , entens mon fang qui crie.
Laiffons ces vains difcours ; je n'ai plus qu'un mo-
ment ,
Que je dois tout entier à mon reffentiment.
C'eft Mandane fur-tout , qu'il faut que je puniffe.
Cyrus l'aime , il eft temps que ma main les uniffe.
Du trépas de mon fils retirons quelque fruit.
Il ne s'oppofe plus ... Ciel ! qu'entens-je ? quel
bruit ?
Mais qu'eft-ce que je vois ? Ma Rivale s'avance.
Dieux ! me derobez-vous ma derniere vengeance ?

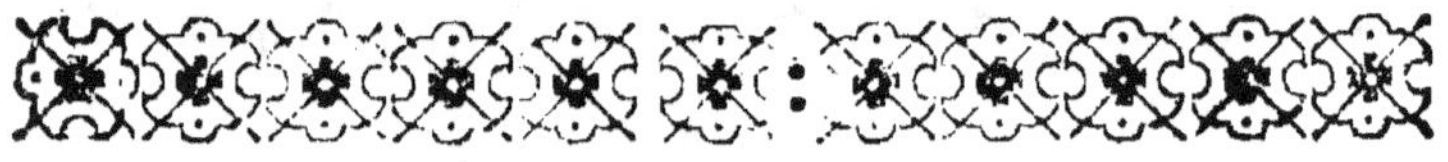

SCENE VIII.

TOMYRIS, MANDANE, GELONIDE, CLEONE.

MANDANE.

ENfin le jufte Ciel vient d'exaucer mes vœux.
Les airs de toutes parts percez de cris affreux ,

De mes Gardes troublez la troupe fugitive,
Tout m'aprend qu'en ces lieux je ne fuis plus cap-
tive.
(*à Tomyris*)
Madame, par vos foins puis-je voir le Vainqueur ?
TOMYRIS *à part.*
Ah ! Ciel... Mais renfermons ma rage dans mon
cœur.
MANDANE.
N'offencez pas Cyrus par d'injuftes allarmes.
Il n'eft plus ennemi dés qu'on luy rend les armes,
TOMYRIS.
Tout genereux qu'il eft, je l'ay trop irrité
Pour efperer encor d'éprouver fa bonté.
Cependant pour fléchir ce Vainqueur magnanime,
J'ay déja réparé la moitié de mon crime.
Bien-tôt vous n'aurez plus à craindre aucun revers,
Mes ordres font donnez, on va brifer fes fers.
J'ay voulu de ce foin ne charger qu'Aripithe ;
Je fçai quel eft pour moi le zele qui l'excite.
Mais, Madame, Cyrus tarde plus qu'il ne faut,
Je vais preffer... Adieu, vous le verrez bien-tôt.

SCENE IX.

MANDANE, CLEONE.

MANDANE.

JE le verray bien-tôt ! Qu'en croirai-je, Cleone ?
Tout mon fang eft glacé; je tremble, je friffon-
ne.
Que va-t-elle preffer ? N'eft-ce point fon trépas ?

Ah , cruelle ! ah , barbare ! Allons , suivons ses pas,
Rien ne sçauroit calmer le trouble de mon ame.
Vien , ne me quitte pas . . .

CLEONE.

Où courez-vous , Madame ?
Et qu'allez-vous chercher à travers tant d'horreur ?
D'un peuple au desespoir redoutez la fureur.
Demeurez ; votre Amant prés de vous va se rendre,
Madame , & c'est icy que vous devez l'attendre.

MANDANE

L'attendre ! hé le peut-on sans un mortel effroy,
Quand on a dans le cœur autant d'amour que moi ?
Je fremis du destin qu'à Cyrus on prépare,
Cleone , je crains tout d'une Reine barbare.
Mais qu'est-ce que je vois ? Artabase, grands Dieux!
Le malheur que je crains est écrit dans ses yeux.

SCENE DERNIERE.

MANDANE, ARTABASE, CLEONE.

ARTABASE.

Ouy, du plus grand malheur j'apporte la nouvelle.
Cyrus . . .

MANDANE.

Ciel ! il est mort ?

ARTABASE.

Une Reine cruelle
Vient de couvrir ses yeux d'une éternelle nuit.

MANDANE.

Soûtien-moy.

ARTABASE.

Quelle horreur ! Le flambeau qui nous luit
A-t-il pû l'expofer aux yeux de la nature ?
Mais comment vous tracer cette affreufe peinture ?

MANDANE.

Artabafe, achevez, & ne m'épargnez pas.
Je veux fuivre Cyrus dans la nuit du trépas.
Je l'ai perdu ; la mort eft tout ce qui me refte,
Et je dois la chercher dans ce recit funefte.

ARTABASE.

Et je devrois, Madame, en me perçant le flanc,
Au défaut de ma voix, faire parler mon fang.
La victoire pour nous hautement déclarée,
Déja de vos prifons nous permettoit l'entrée,
Quand j'ai vû Tomyris un poignard à la main,
Pour aller à Cyrus prendre un autre chemin.
J'ai tremblé, j'ai fuivi fa furieufe efcorte ;
J'arrive au lieu fatal, on m'en deffend la porte,
On m'arrête, le fang coule de toutes parts :
Des Scytes effrayez je force les remparts,
Tout fuit ; j'avance enfin, l'ame de crainte émuë.
Juftes Dieux ! quel objet vient s'offrir à ma vuë ?
Mes Soldats confternez en pouffent mille cris.
Une troupe barbare entoure Tomyris,
Tandis que par trois fois, fans qu'aucun cri l'arrête,
Dans un vafe de fang elle plonge une tête,
Et dit, à chaque fois, d'un ton mal affuré :
Saoule-toi de ce fang dont tu fus alteré.
Tout tremble, tout fremit à ce difcours horrible ;
Tout eft faifi, tout garde un filence terrible.
Le Soleil fe couvrant d'un voile tenebreux,
Semble fe refufer à ce fpectacle affreux.
Tomyris elle-même, autrefois fi cruelle,
Oublie en ce moment fa fureur naturelle ;
Et fes yeux condamnant fon projet inhumain,
N'ofent envifager l'ouvrage de fa main.
Hé ! quels yeux foutiendroient cet objet effroyable ?

Quel cœur jusqu'à ce point seroit impitoyable ?
Les traits de votre Amant dans le sang confondus,
N'offrent plus qu'une playe à mes sens éperdus ;
Et dans la juste horreur dont mon ame est saisie,
J'y cherche vainement le Vainqueur de l'Asie,

MANDANE.

Ah ! courens le vanger.

ARTABASE.

            Vos vœux sont satisfaits.
Les Scythes de leur sang ont payé leurs forfaits ;
Et par nous Tomyris immolée à son ombre,
Des victimes sans doute alloit croître le nombre.
Mais d'un œil de mépris envisageant la mort :
Je sçaurai bien sans vous disposer de mon sort,
Dit-elle ; & se livrant au transport qui l'inspire,
Prend un poignard, se frape, & soudain elle ex-
    pire.

MANDANE.

La barbare ! elle évite un juste châtiment.
Il ne me reste plus qu'à suivre mon Amant.
C'est pour moi qu'il est mort ; & mon amour fidelle
Doit m'unir avec lui dans la nuit éternelle,

FIN.

APPROBATION.

APPROBATION.

J'AY lû par ordre de Monseigneur le Chancelier *la Tragedie de Tomyris*, & j'ay cru que le Public en verroit l'impression avec plaisir. Fait à Paris ce 14. Septembre 1706.

FONTENELLE.

PRIVILEGE DU ROY.

LOUIS par la grace de Dieu Roy de France & de Navarre : A nos amez & feaux Conseillers les Gens tenans nos Cours de Parlemens, Maîtres des Requêtes ordinaires de notre Hôtel, Grand-Conseil, Prevôt de Paris, Baillifs, Senechaux, leurs Lieutenans civils, & autres nos Justiciers qu'il appartiendra, S A L U T. La Damoiselle B A R B I E R nous ayant fait remontrer qu'elle desireroit faire imprimer & donner au Public un *Recueil des Pieces de Theâtre de sa composition*, s'il nous plaisoit de luy accorder nos Lettres sur ce necessaires, Nous luy avons permis & accordé, permettons & accordons par ces Presentes de faire

G

imprimer ledit *Recueil de Pieces de Theâtre de sa composition* par tel Imprimeur ou Libraire qu'elle voudra choisir, en telle forme, marge, caracteres, en un ou plusieurs volumes, conjointement ou separément, & autant de fois que bon luy semblera, pendant le temps de *dix années* consecutives, à compter du jour & date des Presentes, iceux faire vendre partout notre Royaume; Faisons défences à tous Libraires, Imprimeurs, & autres personnes d'imprimer, faire imprimer, vendre, ny débiter lesdites Pieces de Theâtre sous quelque pretexte que ce soit, même de correction, augmentation, changement de Titre, impression étrangere, ou autrement, sans le consentement de ladite Exposante, ou de ses Ayans-cause; à peine de confiscation des Exemplaires contrefaits, de trois mil livres d'amende, & de tous dépens, dommages, & interests : à la charge que l'impression en sera faite en nôtre Royaume, & non ailleurs, en bon papier, & en beaux caracteres, conformément à nos Reglemens de la Librairie; & qu'avant que de les exposer en vente, il en sera mis deux Exemplaires dans notre Bibliotheque publique, un dans celle de notre Château du Louvre, & un dans celle de notre tres-cher & feal Chevalier Chancelier de France le Sieur

Phelypeaux Comte de Pontchartrain, Com-
mandeur de nos Ordres ; le tout à peine de
nullité des Presentes : Du contenu desquelles
vous mandons & enjoignons de faire joüir
l'Exposante, ou ses ayans cause pleinement &
paisiblement, sans souffrir qu'il leur soit fait
aucun trouble, ou empêchement. Voulons
que la copie desdites Presentes, qui sera im-
primée au commencement ou à la fin desdites Tragedies , soit tenuë pour dûëment si-
gnifiée, & qu'aux copies collationnées par
l'un de nos amez & feaux Conseillers & Se-
cretaires, foy soit ajoutée comme à l'Origi-
nal. Commandons au premier notre Huis-
sier ou Sergent, de faire pour l'execution
des Presentes, tous actes requis & necessaires,
sans autre permission , nonobstant cla-
meur de haro, Chartre Normande , &
Lettres à ce contraires. CAR tel est notre
plaisir. DONNE' à Versailles le quatriéme
jour de Fevrier, l'an de grace mil sept trois
& de notre Regne le soixanteiéme. *Signé* ,
Par le Roy en son Conseil , LE FEBVRE.

Ladite Damoiselle BARBIER a cedé & tranf-
porté fon droit de Privilege au Sieur RIBOU,
Marchand Libraire, pour en jouir fuivant l'accord fait entre eux.

*Achevé d'imprimer pour la premiere fois en vertu du
present Privilege le 15 Decembre 1706.*